HACK PER LO SVILUPPO DEL BUSINESS E LA CRESCITA

PER LE PICCOLE IMPRESE E START-UPS

Sangati Jagan Mohan Reddy

A tutti gli imprenditori start-up e ai proprietari di piccole imprese là fuori,

Questo libro è dedicato a te. Hai il coraggio e la determinazione di rischiare e creare qualcosa dal nulla. Il tuo duro lavoro e la tua dedizione alle tue attività sono un'ispirazione per tutti noi. Possa questo libro aiutarti a sviluppare la tua attività e raggiungere i tuoi obiettivi.

Sinceramente

Sangati Jagan Mohan Reddy

Perseveranza

Determinazione

Prefazione

Prefazione

Riconoscimenti

Prologo

13. Sviluppare una strategia di servizio clienti

14. Creare una rete di partner e fornitori

15. Sviluppare un sistema per tenere traccia dei progressi

16. Creare un sistema per la gestione dei rischi

17. Sviluppare un sistema per la gestione delle relazioni con i clienti

18. Sviluppare un sistema per la gestione delle relazioni con i dipendenti

19. Creare un sistema per la gestione dell'inventario

20. Gestione del feedback dei clienti

21. Sviluppare un sistema per la gestione dei dati dei clienti

Sblocca subito il tuo potenziale di business

Perseveranza

YS Jagan Mohn Reddy

YS Jagan Mohan Reddy, Primo Ministro dell'Andhra Pradesh è noto per i suoi significativi contributi allo sviluppo del business e all'ecosistema delle startup dell'Andhra Pradesh. È statoun leader che ha dimostrato grande perseveranza di fronte alle avversità e ha lavorato duramente per garantire che lo sviluppo dello stato sia sulla buona strada.

Determinazione

Biyyapu Madhu Sudhan Reddy

Biyyapu Madhusudhan Reddy, membro dell'Assemblea legislativa (MLA) della circoscrizione di SriKalahasti è un forte sostenitore dello sviluppo dell'ecosistema delle startup e dello sviluppo del business. Ha lavorato instancabilmente per creare un ambiente favorevole alla crescita e alsuccesso di startup e iniziative imprenditoriali. È anche mentore e consulente di molte startup, fornendo guida e supporto per aiutarle a raggiungere i loro obiettivi attraverso varie iniziative governative. Il suo impegno a fare la differenza nella vita degli imprenditori è encomiabile e il suo contributo all'ecosistema delle startup è inestimabile. È un vero esempio di determinazione e duro lavoro.

Prefazione

Ho il piacere di scrivere una prefazione per questo libro, che riguarda lo sviluppo del business per le piccole imprese e le start-up. Poiché il mondo degli affari continua ad evolversi e cambiare, è essenziale per i proprietari di piccole imprese e gli imprenditori start-up rimanere all'avanguardia e rimanere competitivi. Questo libro fornisce preziose informazioni e strategie per lo sviluppo e la crescita di una piccola impresa o di una start-up.

Questo libro è scritto da un consulente aziendale di grande esperienza che ha conoscenze e competenze nel campo dello sviluppo del business è evidente in tutto il libro. Fornisce consigli pratici e indicazioni su come creare un business plan di successo, sviluppare una forte strategia di marketing e creare un vantaggio competitivo. Offre anche preziose informazioni su come gestire le finanze, attrarre investitori e costruire un business forte.

Questo libro è una risorsa essenziale per qualsiasi imprenditore o piccolo imprenditore o start-up che cercano di portare la propria attività al livello successivo. È pieno di informazioni e strategie utili che possono aiutare gli imprenditori e i proprietari di piccole imprese a sfruttare al meglio le loro opportunità commerciali. Consiglio vivamente questo libro a chiunque cerchi di sviluppare e far crescere la propria attività.

Questo libro è progettato per aiutare i proprietari di piccole imprese e start-up a sviluppare le loro attività. Fornisce una panoramica completa degli aspetti chiave dello sviluppo del business, dalla creazione di un'impresa alla gestione della sua crescita alle strategie di marketing e vendita necessarie per avere successo.

Il libro è scritto in uno stile semplice e facile da capire, rendendolo accessibile ai lettori di tutti i livelli di esperienza. È diviso in sezioni che coprono le diverse fasi dello sviluppo del business, dalle fasi iniziali di pianificazione alla crescita e all'espansione del business. Ogni sezione comprende consigli pratici e suggerimenti su come sfruttare al meglio le opportunità disponibili.

Il libro è rivolto ai proprietari di piccole imprese e start-up che stanno cercando di sviluppare le loro attività. È adatto anche a coloro che stanno pensando di avviare un'impresa, nonché a coloro che sono già in procinto di avviare la propria attività.

Questo libro è il risultato di anni di ricerca ed esperienza nel campo dello sviluppo aziendale. Si basa sulle conoscenze e le intuizioni di imprenditori esperti, imprenditori ed esperti del settore. La mia speranza è che questo libro fornirà ai lettori le informazioni e la guida di cui hanno bisogno per sviluppare le loro attività e raggiungere il successo.

Riconoscimenti

Vorrei ringraziare i miei soci in affari e partner per la loro preziosa guida e supporto duranteil processo di scrittura. Le loro intuizioni e competenze hanno contribuito a trasformare questo libro nel prodotto finale che è oggi.

Vorrei anche ringraziare mia moglie, i miei figli, la mia famiglia, gli amici e i parenti per il loro incrollabile sostegno e incoraggiamento. Senza il loro amoree la loro comprensione, questo libro non sarebbe stato possibile.

Sono anche grato ai proprietari di piccole imprese e start-up che hanno condiviso le loro storie ed esperienze con me. La loro volontà di aprirsi e condividere i loro viaggi è stata preziosa per questo libro.

Infine, vorrei ringraziare tutti i lettori che hanno avuto il tempo di leggere questo libro. Spero che ti aiuti nel tuo viaggio di sviluppo aziendale.

Prologo

Il mondo degli affari è in continua evoluzione e il successo di qualsiasi aziendadipende dalla sua capacità di stare al passo con la curva. Per le piccole imprese e le start-up, questo può essere un compito scoraggiante. Con risorse limitate e mancanza di esperienza, può essere difficile sapere da dove cominciare.

Questo libro è stato progettato per fornire alle piccole impresee alle start-up gli strumenti e le conoscenze di cui hanno bisogno per sviluppare la loro attività e raggiungere il successo. Copre una vasta gamma di argomenti, dal marketing e finanza alle operazioni e al servizio clienti, e fornisce consigli pratici su come creare e gestireun'attività di successo.

Sia che tu sia appena agli inizi o che tu sia in attività da anni, questo libro ti fornirà le intuizioni e le strategie necessarie per portare la tua attività al livello successivo. Con la giusta conoscenza e dedizione, puoi creare un'attività fiorente che resisterà alla prova del tempo.

Il libro è scritto per imprenditori e proprietari di piccole imprese che stanno cercando di portare la loro attività al livello successivo. È progettato per essere una risorsa completa che può essere utilizzata per sviluppare un piano aziendale, identificare opportunità e creare una tabella di marcia per il successo.

CAPITOLO PRIMO

Cos'è il Business Development?

Lo sviluppo del business è il processo di crescita di un'azienda identificando e capitalizzando le opportunità per aumentare le vendite, espandersi in nuovi mercati e sviluppare nuovi prodotti o servizi. Comprende una vasta gamma di attività, come ricerche di mercato, pianificazione strategica, sviluppo del prodotto, vendite e marketing e servizio clienti. Lo sviluppo del business è una parte importante di qualsiasi attività commerciale, in quanto aiuta a garantire che l'azienda sia in grado di rimanere competitiva e redditizia a lungo termine.

Lo sviluppo del business è un termine ampio che comprende molte attività diverse. Implica lo sviluppo di nuovi prodotti o servizi, l'espansione in nuovi mercati o il miglioramento di prodotti o servizi esistenti. Implica anche l'identificazione e la capitalizzazione delle opportunità per aumentare le vendite, ad esempio attraverso partnership strategiche, campagne di marketing o acquisizione di nuovi clienti. Lo sviluppo del business è un processo continuo, poiché le aziende devono costantemente valutare le loro strategie e adattarle per soddisfare le mutevoli condizioni del mercato.

Lo sviluppo del business è spesso visto come un processo strategico, in quanto implicaprendere decisioni sul futuro dell'azienda. Richiede una conoscenza approfondita dei punti di forza e di debolezza dell'azienda, nonché una comprensione del panorama competitivo. Le aziende devono anche avere una visione chiara di dove vogliono andare e dicome intendono arrivarci.

Lo sviluppo del business è anche un processo di innovazione. Le aziende devono costantemente cercare nuovi modi per migliorare i loro prodotti o servizi o per svilupparne di nuovi. Ciò richiede una profonda comprensione delle esigenze dei clienti e l'abilitàdi sviluppare soluzioni creative per soddisfare tali esigenze.

Lo sviluppo del business è un processo complesso che richiede una grande quantità di pianificazione ed esecuzione. Le aziende devono essere disposte a investire tempo e risorse nel processo al fine di garantire il successo. È anche importante avere un team di professionisti esperti che ci aiutino a guidare l'azienda

CAPITOLO SECONDO

Stabilire una missione e una visione chiare

Stabilire una missione e una visione chiare per lo sviluppo del business è essenziale per qualsiasi azienda. Una missione e una dichiarazione di visione forniscono una tabella di marcia per il futuro dell'azienda, delineando gli obiettivi e gli obiettivi che devono essere raggiunti per avere successo. Forniscono anche un senso di scopo e direzione per dipendenti, clienti, eparti interessate.

- Il primo passo per stabilire una chiara missione e visione per lo sviluppo del business è definire lo scopo dell'azienda. Ciò dovrebbe includere una dichiarazione del motivo per cui l'azienda esiste, cosa spera di ottenere e come intende farlo. Questa valutazionedovrebbe essere concisa e facile da capire, trasmettendo al contempo i valori e le convinzioni fondamentali dell'azienda.

- Il passo successivo è identificare le competenze chiave dell'azienda. Ciò dovrebbe includere le competenze, le conoscenze e le risorse che l'azienda ha da offrire. Ciò contribuirà a definire il vantaggio competitivo dell'azienda e contribuirà anche a guidare lo sviluppo della strategia aziendale.

- Il terzo passo è stabilire obiettivi e obiettivi. Questi dovrebbero essere specifici, misurabili, realizzabili, pertinenti e limitati nel tempo. Dovrebbero anche essere allineati con la missione e la visione dell'azienda. Gli scopi e gli obiettivi dovrebbero essere regolarmente riesaminati e aggiornati per garantire che rimangano pertinenti e realizzabili.

- Il quarto passo è sviluppare una strategia. Ciò dovrebbe includere un piano d'azione dettagliato che delinei come l'azienda raggiungerà i suoi obiettivi e obiettivi. Dovrebbe inoltre includere un calendario per l'attuazione e un bilancio per le risorse.

- Il quinto passo è comunicare la missione e la visione a tutte le parti interessate. Ciò dovrebbeincludere dipendenti, clienti, fornitori e investitori. È importante assicurarsi che tutti comprendano l'azienda

CAPITOLO TERZO

Sviluppare un piano aziendale completo

Un business plan completo è un documento che delinea la strategia e gli obiettivi di un'azienda. È una road map per il futuro del business e funge da guida per il processo decisionale. Un piano aziendale completo dovrebbe includere un riepilogo esecutivo, un'analisi di mercato, un'analisi competitiva, un piano finanziario e un piano operativo.

Il riepilogo esecutivo è la prima sezione del business plan e dovrebbe fornire una breve panoramica del business. Dovrebbe includere la dichiarazione di missione dell'impresa, una descrizione dei prodotti o servizi offerti e il mercato target.

L'analisi di mercato dovrebbe includere una valutazione del mercato attuale, un'analisi della concorrenza e una descrizione del mercato di riferimento. Dovrebbe anche includere un'analisi delle tendenze del settore e una descrizione della strategia di marketing.

L'analisi della concorrenza dovrebbe includere un'analisi dei punti di forza e di debolezza della concorrenza e una descrizione di come l'impresa intende   differenziarsi   dalla   concorrenza.

Il piano finanziario dovrebbe includere una descrizione degli scopi e degli obiettivi finanziari della società, una descrizione della struttura del capitale e una descrizione delle proiezioni finanziarie.

Il piano operativo dovrebbe includere una descrizione delle operazioni della società, una descrizione del team di gestione e una descrizione dei processi operativi.

Un piano aziendale completo dovrebbe includere anche un'appendice con documenti di supporto come rendiconti finanziari, ricerche di mercato e sondaggi sui clienti. Il piano aziendale dovrebbe essere rivisto e aggiornato regolarmente per garantire che sia aggiornato e rifletta l'attuale contesto imprenditoriale.

CAPITOLO QUARTO

Identificare i mercati e i clienti target

Identificare i mercati target e i clienti nello sviluppo del business è un passo importante nel processo di lancio di un nuovo prodotto o servizio. Si tratta di ricercare le esigenze dei potenziali clienti e comprendere il panorama competitivo. L'obiettivo è identificare i mercati più redditizi e praticabili per il tuo prodotto o servizio.

- **Condurre ricerche di** mercato: il primo passo per identificare i mercati e i clienti target è condurre ricerche di mercato. Ciò comporta la raccolta di dati sulle dimensioni e le caratteristiche del mercato di riferimento, il panorama competitivo e le esigenze e le preferenze del cliente. Lasua ricerca sarà condotta attraverso sondaggi, interviste, focus group e altri mctodi.

- **Analizzare i dati**: una volta raccolti, i dati devono essere analizzati per identificare potenziali mercati e clienti target. Ciò comporta l'esame dei dati per determinare quali tipi di clienti hanno maggiori probabilità di essere interessati al prodotto o al servizio, quali sono le loro esigenze e preferenze e come appare il panorama competitivo.

- **Sviluppare un profilo**: una volta analizzati i dati, è importante sviluppare un profile del mercato di riferimento e dei clienti. Questo profilo dovrebbe includere informazioni demografiche, come età, sesso, livello di reddito e posizione. Dovrebbe anche includere informazioni psicografiche, come stile di vita, interessi e valori.

- **Identificare leopportunità**: una volta sviluppato il mercato di riferimento e il profilo del cliente, è importante identificare potenziali opportunità per il prodotto o il servizio. Ciò comporta l'esame del panorama competitivo per individuare le aree in cui il prodotto o i servizi sono differenziatie in cui esiste un potenziale di crescita.

- **Sviluppare una strategia:** una volta identificate le opportunità, è importante sviluppare una strategia per raggiungere il mercato di riferimento e i clienti.

CAPITOLO QUINTO

Ricerca di concorrenti e tendenze del settore

La ricerca dei concorrenti e delle tendenze del settore è una parte importante dello sviluppo del business. Aiuta le aziende a identificare opportunità, stare al passo con la concorrenza e sviluppare strategie per aumentare la propria quota di mercato. Prendendo il tempo per ricercare e analizzare i concorrenti e le tendenze del settore, le aziende ottengono un vantaggio competitivo e aumentano le loro possibilità di successo.

- **Identificare i concorrenti**: il primo passo nella ricerca di concorrenti e tendenze del settore è identificare chi sono i tuoi concorrenti. Questo viene fatto ricercando il settore e cercando aziende che offrono prodotti o servizi simili. Puoi anche utilizzare strumenti online e ricerche di mercato per scoprire chi sono i tuoi concorrenti.

- **Analizza i concorrenti**: una volta identificati i tuoi concorrenti, il passo successivo è analizzare le loro strategie. Guarda il loro sito web, la presenza sui social media e qualsiasi altro materiale di marketing che hanno. Questo ti darà un'idea del loro mercato di riferimento, della strategia dei prezzi e di altri fattori che ti aiutano a sviluppare una strategia competitiva .

- **Monitorare** le tendenze del settore: è importante rimanere aggiornati sulle tendenze del settore. Questo viene fatto leggendo pubblicazioni del settore, partecipando a fiere e facendo rete con altri professionisti del settore. Dovresti anche partecipare a eventi e conferenze del settore per rimanere informato sugli ultimi sviluppi del settore. Questo ti aiuterà a identificare nuove opportunità e a stare al passo con la concorrenza.

- **Sviluppare** strategie: una volta identificati i concorrenti e monitorate le tendenze del settore, il prossimo tepè quello di sviluppare strategie per aumentare la quota di mercato. Ciò include lo sviluppo di nuovi prodotti o servizi, l'espansione in nuovi mercati o il miglioramento dei prodotti e servizi esistenti.

- **Analizza le tue prestazioni**: oltre a ricercare i tuoi concorrentie le tendenze del settore, dovresti anche analizzare le tue prestazioni. Questo dovrebbe essere fatto guardando i dati di vendita, il feedback dei clienti e altri punti dati. Questo ti aiuterà a identificare le aree di miglioramento e le opportunità di crescita.

CAPITOLO SESTO

Sviluppare una strategia di marketing

Lo sviluppo di una strategia di marketing per lo sviluppo del business è una parte essenziale di qualsiasi attività di successo. Una strategia di marketing è un piano d'azione che delinea come un'azienda raggiungerà i suoi obiettivi e obiettivi. È un piano completo che include ricerche di mercato, sviluppo del prodotto, prezzi, promozione, distribuzione e servizio clienti.

Il primo passo nello sviluppo di una strategia di marketing è identificare il mercato di riferimento. Ciò comporta la ricerca del mercato di riferimento per comprendere le loro esigenze, desideri e preferenze. Una volta identificato il mercato di riferimento, il passo successivo è sviluppare un prodotto o un servizio che soddisfi le esigenze del mercato di riferimento. Ciò comporta la ricerca della concorrenza e lo sviluppo di un prodotto o servizio unico che differenzierà l'azienda dai suoi concorrenti.

Il prossimo passo è determinare la strategia dei prezzi. Ciò comporta la ricerca della concorrenza e la determinazione della migliore strategia di prezzo per massimizzare i profitti. La strategia dei prezzi dovrebbe anche tenere conto del costo di produzione e del costo di commercializzazione.

Il prossimo passo è sviluppare una strategia promozionale. Ciò comporta la creazione di un piano di marketing che delinea come l'azienda raggiungerà il suo mercato di riferimento. Ciò include lo sviluppo di un sito Web, la creazione di campagne pubblicitarie e l'utilizzo dei social media.

Il passo finale è sviluppare una strategia di distribuzione. Ciò comporta la determinazione del modo migliore per portare il prodotto o il servizio al mercato di riferimento. Ciò potrebbe includerel'utilizzo di una rete di distribuzione, vendite dirette o una combinazione di entrambi.

Lo sviluppo di una strategia di marketing per lo sviluppo del business è un processo complesso che richiede ricerca, pianificazione e implementazione. È importante comprendere il marchio target et, sviluppare un prodotto o un servizio unico, determinare la migliore strategia di prezzo, creare una strategia promozionale e sviluppare una strategia di distribuzione. Seguendo questi passaggi, le aziende assicurano che la loro strategia di marketing sia efficace.

CAPITOLO SETTIMO

Sviluppare una strategia promozionale

Una strategia promozionale è un piano d'azione che le aziende utilizzano per aumentare la consapevolezza dei loro prodotti e servizi, fidelizzare i clienti e generare più vendite. Si tratta di una combinazione di tatto di marketingcome pubblicità, pubbliche relazioni, social media e altre attività.

L'impatto di una strategia promozionale sullo sviluppo del business per le piccole imprese e le start-up è molto significativo per creare riconoscimento del marchio, attirare nuovi clienti e aumentarle vendite. Aiuta a costruire relazioni con i clienti esistenti e creare una reputazione positiva per l'azienda per aumentare la visibilità e raggiungere potenziali clienti, il che porta a maggiori vendite. Contribuirà a creare un vantaggio competitivo sul mercato, oltre a contribuire a differenziare il business dai suoi concorrenti.

- **Identifica il tuo pubblico di destinazione**: il primo passo nello sviluppo di una strategia promozionale è identificare il tuo pubblico di destinazione. Ciò significa capire chi sono i tuoi clienti, quali sono le loro esigenze e come puoi raggiungerli al meglio.

- **Imposta obiettivi e obiettivi**: una volta identificato il tuo pubblico di destinazione, devi impostare obiettivi e obiettivi per la tua strategia promozionale. Questo ti aiuterà a concentrare i tuoi sforzi e assicurarti di lavorare versoun chiaro obiettivo finale.

- **Scegli i canali giusti**: una volta identificato il tuo pubblico di destinazione e impostato obiettivi e obiettivi, devi decidere quali canali utilizzerai per raggiungerli. Ciò potrebbe includere social media, e-mail, stampa, radio, televisione o qualsiasialtro mezzo.

- **Sviluppa il tuo messaggio**: una volta scelti i canali giusti, devi sviluppare il tuo messaggio. Questo dovrebbe essere adattato al tuo pubblico di destinazione e dovrebbe comunicare chiaramente i vantaggi del tuo prodotto o servizio.

- **Traccia e misura i risultati**: devi monitorare e misurare i risultati della tua strategia promozionale. Questo ti aiuterà a capire cosa funziona e cosa no, quindi devi adattare la tua strategia di conseguenza.

Seguendo questi passaggi, sviluppperai una strategia promozionale efficace che ti aiuterà a raggiungere i tuoi obiettivi di business.

CAPITOLO OTTAVO

Sviluppare una strategia di distribuzione

Le strategie di distribuzione per lo sviluppo del business sono metodi utilizzati per portare prodotti e servizi sul mercato. Queste strategie possono essere utilizzate per aumentare le vendite, raggiungere nuovi clienti e aumentare la consapevolezza del marchio.

- **Distribuzione diretta**: la distribuzione diretta è quando un'azienda vende i suoi prodotti direttamente ai clienti. Questo viene fatto attraverso il sito Web di un'azienda, negozi al dettaglio o tramite siti Web di terze particome Amazon.

- **Distribuzione indiretta**: la distribuzione indiretta è quando un'azienda utilizza una terza parte per distribuire i propri prodotti. Questo potrebbe essere un grossista, distributore o rivenditore.

- **Distribuzione multicanale: la distribuzione** multicanale è quando un'azienda utilizzapiù canali di distribuzione per raggiungere i clienti. Ciò potrebbc includere una combinazione di distribuzione diretta e indiretta , nonché canali online e offline.

- **Franchising:** Il franchising è quando un'azienda consente ad altre aziende di utilizzare il suo marchio e i suoi prodotti. Questo è un modo intelligente per espandere rapidamente un'azienda e raggiungere nuovi mercati.

- **Licenze**: la licenza si verifica quando un'impresa concede ad un'altra società il diritto di utilizzare i suoi prodottio servizi. Questo viene spesso utilizzato quando un'azienda vuole espandersi in un nuovo mercato o settore.

Per implementare queste strategie, le aziende dovrebbero identificare i loro mercati di riferimento e sviluppare un piano per raggiungerli. Le aziende dovrebbero anche considerare il loro budget e le loro risorse quando selezionano una strategia di distribuzione. Le aziende dovrebbero monitorare i loro canali di distribuzione per assicurarsi che soddisfino le esigenze e le aspettative dei clienti.

CAPITOLO NOVE

Strategie di distribuzione

Vendita diretta

La vendita diretta è una forma di marketing in cui un'azienda vende prodotti direttamente ai consumatori, di solito nelle proprie case o attraverso feste, piuttosto che attraverso un negozio al dettaglio. La vendita diretta è il modo migliore per aumentare le vendite e far crescere un'azienda. Consente alle aziende di raggiungere più potenziali clienti, costruire relazioni con i clienti e aumentare la consapevolezza del marchio. Consente inoltre alle aziende di ridurre i costi generali associati ai negozi al dettaglio tradizionali. La vendita diretta aiuta anche le aziende ad aumentare la loro base di clienti e afidelizzare i clienti.

La vendita diretta è un tipo di modello di business in cui beni e servizi sono venduti direttamente ai consumatori lontano da un punto vendita fisso. È una forma di business che esiste da secoli ed è ancora popolare oggi. L'esportazione diretta è spesso associata alle vendite porta a porta, ma include anche la vendita di prodotti attraverso cataloghi, feste e online.

La vendita diretta ha una serie di vantaggi per le imprese. Consente alle aziende di raggiungere un pubblico più ampio, costruire relazioni con i clienti e fornire un servizio personalizzato. Offre inoltre l'opportunità di testare nuovi prodotti e servizi senza investire in una campagna di marketing su larga scala.

L'impatto della vendita diretta sulla crescita del business è significativo. Aiuterà le aziendea raggiungere nuovi clienti, aumentare le vendite e costruire la fedeltà al marchio. Aiuta inoltre le aziende a ridurre i costi associati agli sforzi di marketing tradizionali. La vendita diretta aiuta le aziende a ottenere preziose informazioni sui clienti che possono essere utilizzate per migliorare prodotti e servizi.

La vendita diretta aiuta anche a costruire relazioni con i clienti. Interagendo direttamente con i clienti, le aziende possono ottenere preziosi feedback e approfondimenti che devono essere utilizzati per migliorare prodotti e servizi. La vendita diretta aiuta le aziende a creare fiducia con i clienti, il che può portare a un aumento delle vendite e della fedeltà dei clienti.

È importante ricordare che la vendita diretta non è una soluzione valida per tutti e dovrebbe essere adattata alle esigenze dell'azienda.

Pubblicità online

La pubblicità online è una forma di marketing che utilizza Internet per inviare messaggi promozionali ai potenziali clienti. Include una varietà di tecniche, come l'ottimizzazione dei motori di ricerca (SEO), la pubblicità pay-per-click (PPC), la pubblicità display e il marketing dei media sociali. La pubblicità online è diventata una parte essenziale della strategia di marketing di qualsiasi azienda di successo.

L'impatto della pubblicità online sulla crescita del business è innegabile. Consente alle imprese di raggiungere un pubblico molto più ampio rispetto ai metodi tradizionali di adverrizzazione, come la televisione, la radio e la stampa. La pubblicità online è molto più conveniente rispetto alla pubblicità tradizionale, in quanto richiede meno risorse e può essere indirizzata a un pubblico specifico.

La pubblicità online aiuta le aziende ad **aumentare** la consapevolezza, generare lead e aumentare le vendite. Aiuta anche le aziende a costruire relazioni con i propri clienti e creare fedeltà. La pubblicità online aiuta le imprese a monitorare e misurare il successo delle loro campagne, consentendo loro di prendere decisioni informatesulle loro strategie di marketing.

La pubblicità online ha anche il potenziale per raggiungere un pubblico globale. Ciò è particolarmente vantaggioso per le aziende che si rivolgono a clienti internazionali. La pubblicità online viene utilizzata per indirizzare specifici dati demografici, come età, sesso, posizione e interessi. Ciò consente alle aziende di adattare i loro messaggi al pubblico giusto e massimizzare il ritorno sull'investimento.

La pubblicità online è uno strumento inestimabile per le aziende che desiderano crescere e avere successo. È cost-efficace, consente alle aziende di raggiungere un pubblico più ampio e può essere adattato a specifici dati demografici. Aiuta le aziende a monitorare e misurare il successo delle loro campagne, consentendo loro di prendere decisioni informate sulle loro strategie di marketing.

Social Media Marketing

Il social media marketing è il processo di utilizzo delle piattaforme di social media per promuovere e commercializzare un prodotto o un servizio. È un potente strumento per le aziende di tutte le dimensioni per raggiungere il loro pubblico di destinazione, costruire relazioni e aumentarela consapevolezza del marchio.

Il social media marketing ha un impatto significativo sulla crescita del business. Aiuta le aziende a raggiungere un pubblico più ampio, costruire relazioni con potenziali clienti e aumentare la consapevolezza del marchio. Aiuta anche le aziende a generare lead, aumentare il traffico del sito e aumentare levendite.

Il social media marketing aiuta le aziende a costruire relazioni con il loro pubblico di destinazione. Questo viene fatto interagendo con i clienti, rispondendo alle loro domande e commenti e fornendo contenuti utili. Questo aiuta a rafforzare la fiducia e la lealtà, il che porta ad un aumento delle vendite.

Il social media marketing aiuta anche le aziende ad aumentare la loro visibilità. Pubblicando regolarmente sui social media, le aziende assicurano che i loro contenuti siano visti da un pubblico più ampio. Ciò aiuta ad aumentare la consapevolezza del marchio e raggiungere potenziali clienti che altrimenti potrebbero non essere a conoscenza dell'attività.

Il social media marketing ha un impatto significativo sulla crescita del business. Aiuta le aziende a raggiungere un pubblico più ampio, costruire relazioni con potenziali clientie aumentare la consapevolezza del marchio. Aiuta anche le aziende a generare lead, aumentare il traffico del sito Web e aumentare le vendite.

Punti da considerare per il Social Media Marketing

- **Sviluppare una strategia sui social media**: stabilire obiettivi e obiettivi, determinare le udienze target ecreare un piano di contenuti.

- **Identifica i giusti canali di social media**: scegli i canali che meglio si adattano alla tua attività e al tuo pubblico di destinazione.

- **Crea contenuti coinvolgenti**: pubblica contenuti interessanti, pertinenti e condivisibili.

- **Monitorare le conversazioni**: conversazioni regolari e rispondere a commenti, domande e reclami.

- **Interagisci con gli influencer**: identifica e interagisci con gli influencer del tuo settore per aiutarti a diffondere il tuo messaggio.

- **Analizza i dati**: monitora e analizza i dati per misurare il successo delle tue campagne sui social media.

- **Usa elementi visivi**: usa elementi visivi come immagini, video e infografiche per rendere i tuoi contenuti più coinvolgenti.

- **Sfrutta l'automazione**: automatizza determinate attività per risparmiare tempo e risorse.

- **Pubblicità**: utilizza la pubblicità sui social media per raggiungere un pubblico più ampio e indirizzare più traffico verso il tuo sito web.

- **Offri incentivi**: offri incentivi come sconti e omaggi per incoraggiare le persone a seguire e interagire con il tuo marchio

- **Promuovi i contenuti generati dagli utenti**: incoraggia i clienti a condividere le loro esperienze con il tuo marchio e a promuovere i loro contenuti.

- **Utilizza gli strumenti dei social media**: utilizza gli strumenti dei social media per aiutarti a gestire e misurare le tue campagne.

- **Rimani aggiornato**: rimani aggiornato con le ultime tendenze e i cambiamenti nel panorama dei social media.

- **Misura il ROI**: misura il ritorno sull'investimento (ROI) delle tue campagne sui social media.

- **Monitora i concorrenti**: monitora l'attività sui social media dei tuoi concorrenti per stare al passo con i tempi

Networking

Il networking è una componente fondamentale della crescita aziendale. Implica lo sviluppo direlazioni con altre persone e organizzazioni al fine di ottenere l'accesso a risorse, contatti e opportunità che aiutano un'azienda a crescere. Il networking viene utilizzato per costruire relazioni, aumentare la visibilità e generare lead. Può anche essere utilizzato per ottenere l'accessoa nuovi mercati, espandere la base di clienti e sviluppare partnership strategiche.

L'impatto del networking sulla crescita del business è significativo. Il networking aiuta le aziende a identificare potenziali clienti, partner e fornitori. Aiuta anche a creare una reputazione positive costruire la fiducia. Il networking aiuta anche a creare opportunità di collaborazione e joint venture. Sfruttando le reti di altri, le aziende possono accedere a nuove risorse, contatti e idee che aiutano la tua azienda a crescere.

NetworKing aiuta anche a costruire relazioni con le principali parti interessate, come investitori, clienti e fornitori. Sviluppando le tue relazioni con questi stakeholder, le aziende ottengono l'accesso a risorse e contatti preziosi che aiutano la tua azienda a crescere. Networking aiutano a creare una reputazione positiva per l'azienda, che porta a più clienti e maggiori vendite.

Il networking aiuta a creare un senso di comunità e collaborazione. Connettendosi con altre aziende e individui, le aziende acquisiscono attenzionea nuove idee, risorse e contatti. Il networking aiuta a creare un senso di cameratismo e supporto, che aiuta a promuovere l'innovazione e la creatività.

Fiere

Una fiera è un evento in cui le aziende di un particolare settore si riuniscono per mostrarei loro prodotti e servizi ai potenziali acquirenti. Le fiere offrono alle aziende l'opportunità di fare rete, costruire relazioni e aumentare la loro visibilità sul mercato. Consentono inoltre alle aziende di dimostrare i loro prodotti e servizi a un numero elevato dipotenziali acquirenti in un unico luogo.

Le fiere hanno un impatto significativo sulla crescita del business. Offrono alle aziende l'opportunità di ottenere visibilità e costruire relazioni con potenziali clienti. Le fiere consentono inoltre alle imprese di mostrare iloro prodotti e servizi a un gran numero di potenziali acquirenti in un unico luogo. Questo aiuta ad aumentare le vendite e generare lead.

Le fiere offrono anche alle aziende l'opportunità di entrare in contatto con altri professionisti del settore. Questo aiuta a costruire relazioni e collaborazioni che portano ad una maggiore crescita del business. Le fiere forniscono alle aziende un prezioso feedback da parte dei potenziali clienti. Questo feedback viene utilizzato per migliorare prodotti e servizi, nonché per sviluppare nuovi prodotti e servizi.

Le fiere sono un modo per le aziende di ottenere visibilità, costruire relazioni e aumentare la loro visibilità sul mercato. Forniscono inoltre alle imprese preziose informazioni sulle ultime tendenze e sviluppi nel loro settore, nonché preziosi risultati da parte di potenziali clienti. Tutti questi fattori contribuiscono a guidare la crescita del business.

Chiamate a freddo

Le chiamate a freddo sono una tecnica di vendita diretta in cui un venditore contatta i potenziali clienti per telefono nel tentativo di sollecitare le vendite. È una forma di marketing diretto eviene spesso utilizzata per generare lead, costruire relazioni e aumentare le vendite. Le chiamate a freddo sono un compito difficile e spesso noioso, ma è un modo efficace per raggiungere potenziali clienti e generare vendite.

Le chiamate a freddo sono un modo efficace per raggiungere potenziali clienti e costruire relazioni. Consente ai venditori di presentare i loro prodotti e servizi a un pubblico più ampio e viene utilizzato per generare lead e chiudere le vendite. Le chiamate a freddo consentono inoltre ai venditori di costruire relazioni con i clienti potenzialie creare fiducia.

Tuttavia, le chiamate a freddo possono essere un processo difficile e dispendioso in termini di tempo. Richiede ai venditori di avere una buona comprensione del loro prodotto o servizio e la capacità di comunicare efficacemente il loro messaggio. Richiede inoltreche i venditori siano persistenti e abbiano la capacità di gestire il rifiuto.

L'impatto delle chiamate a freddo sulla crescita aziendale dipende da come vengono utilizzate. Se utilizzate correttamente, le chiamate a freddo sono un modo efficace per raggiungere potenziali clienti e generare vendite. Tuttavia, se usato in modo errato, è uno spreco di tempo e risorse.

Marketing via e-mail

L'email marketing è un potente strumento per le aziende per raggiungere i loro clienti target e promuovere i loro prodotti e servizi. È un modo efficace per costruire relazioni coni clienti, aumentare la consapevolezza del marchio e guidare le vendite. L'email marketing esiste da decenni, ma è diventato sempre più popolare negli ultimi anni a causa dell'ascesa del marketing digitale e della disponibilità di potenti strumenti per automatizzare e personalizzarele ampagne.

L'email marketing è un modo economico per raggiungere clienti e potenziali clienti. È anche altamente mirato, consentendo alle aziende di inviare messaggi alle persone giuste al momento giusto. L'email marketing viene utilizzato per coltivare lead, costruire relazioni e guidare le vendite. Può anche essere utilizzato per promuovere nuovi prodotti, annunciare offerte speciali e fornire assistenza clienti.

L'impatto dell'email marketing sulla crescita del business è significativo. Gli studi hanno dimostrato che l'email marketing ha un ritorno sull'investimento (RO I) più elevato rispettoad altri canali di marketing, come l'ottimizzazione dei motori di ricerca (SEO) e i social media. L'email marketing aiuta le aziende ad aumentare le loro entrate aumentando le vendite e i lead. Aiuta anche le aziende a costruire relazioni con i clienti, aumentarela consapevolezza della crescita e fidelizzare i clienti.

L'email marketing è uno strumento potente per aziende di tutte le dimensioni. È un modo efficace per raggiungere i clienti, costruire relazioni e aumentare le vendite. Sfruttando la potenza dell'email marketing, le aziende aumentano le loro entrate e fanno crescere la loro attività.

Marketing di affiliazione

Il marketing di affiliazione è un tipo di marketing basato sulle prestazioni in cui un'azienda premia uno o più affiliati per ogni visitatore o cliente portato dagli sforzi di marketing dell'affiliato. È una variante modernadella pratica di pagare le commissioni del cercatore per l'introduzione di nuovi clienti in un'azienda.

Il marketing di affiliazione è diventato un modo

popolare per le aziende di espandere la propria portata e aumentare le vendite. È un modo efficace per indirizzare il traffico su unsito Web, generare lead e aumentare le vendite. È anche un modo economico per aumentare la consapevolezza del marchio e costruire relazioni con potenziali clienti.

L'impatto del marketing di affiliazione sulla crescita del business è significativo. Aiuta le aziende a raggiungere nuovi clienti, aumentare le vendite e costruire relazioni con i propri clienti. Aiuta anche le aziende ad aumentare la loro visibilità e raggiungere un pubblico più ampio. Aiuta le aziende ad aumentare i loro profitti riducendo i costi di marketing.

Il marketing di affiliazione è un legame per le aziende per aumentare le loro vendite e raggiungere un pubblico più ampio.

Programmi di riferimento

Un programma di riferimento è una strategia di marketing utilizzata dalle aziende per incoraggiare i clienti a indirizzare nuovi clienti all'azienda. I programmi di riferimento sonosolitamente strutturati in modo che i clienti ricevano una ricompensa per aver segnalato nuovi clienti. Questa ricompensa può essere sotto forma di sconto, denaro o altri incentivi.

L'impatto dei programmi di riferimento sulla crescita del business è significativo. I programmi di riferimento aiutano le aziende ad aumentare la propria base di clienti, aumentare le vendite e migliorare la fedeltà dei clienti. I programmi di riferimento aiutano anche le aziende a costruire relazioni con i propri clienti, poiché i clienti hanno maggiori probabilità di indirizzare un'azienda ai loro amici e familiari se hanno avuto un'esperienza positiva con l'azienda.

I programmi di riferimento aiutano anche le aziende ad aumentare la loro visibilità, poiché è probabile che i clienti che indirizzano un'azienda ai loro amici e familiari condividano le loro esperienze sui social media. Questo aiuta le aziende a raggiungere unpubblico più ampio e ad aumentare la consapevolezza del marchio.

I programmi di riferimento aiutano le aziende a creare fiducia con i propri clienti, poiché è più probabile che i clienti si fidino di un'azienda che è stata loro raccomandata da qualcuno che conoscono. Questa fiducia può portare a una maggiore fedeltà al cliente, che si traduce in un aumento delle vendite e della crescita del business.

I programmi di riferimento hanno un impatto positivo sulla crescita del business. Offrendo premi ai clienti per aver segnalato nuovi clienti, le aziende aumentano la loro base di clienti, aumentano le vendite e migliorano la fedeltà dei clienti. I programmi di riferimento aiutano le aziende ad aumentare la loro visibilità, costruire relazioni con i loro clienti e creare fiducia. Tutti questi fattori contribuiscono ad aumentare la crescita del business.

Pubbliche relazioni

Le pubbliche relazioni (PR) sono la pratica di gestire la diffusione di informazioni tra un individuo o un'organizzazione e il pubblico. Si tratta di una parte importante della strategia di marketing di qualsiasi impresa, in quanto contribuisce a creare un'immagine pubblica positiva e a costruire relazionicon le parti interessate.

L'obiettivo principale delle pubbliche relazioni è quello di modellare e mantenere un'immagine pubblica positiva per un'azienda o un individuo. Questo viene fatto creando e mantenendo relazioni con i media, nonché creando e distribuendo content che è favorevole all'azienda o all'individuo. I professionisti delle pubbliche relazioni lavorano anche per costruire relazioni con le principali parti interessate, come clienti, investitori e funzionari governativi.

Le pubbliche relazioni hanno un impatto importante sulla crescita di un'azienda. Un'immagine pubblica positivacontribuisce ad attirare nuovi clienti, investitori e partner. Aiuta anche a creare fiducia con i clienti esistenti e le parti interessate, il che può portare a un aumento delle vendite e della fedeltà. Una buona immagine pubblica aiuta a proteggere un'azienda dalla pubblicità negativa, che ha un impatto importante sulla reputazione di un'azienda.

Le pubbliche relazioni aiutano anche ad aumentare la visibilità e la portata di un'azienda. I professionisti delle pubbliche relazioni aiutano a creare contenuti condivisi sui social media e su altre piattaforme, il che aiuta a diffondere la conoscenza dei prodotti e dei servizi di un partner. I professionisti delle PR aiutano a creare relazioni con gli influencer, che aiutano ad aumentare la portata e la visibilità di un'azienda.

Le pubbliche relazioni sono una parte importante della strategia di marketing di qualsiasi azienda. Aiuta a creareun'immagine pubblica positiva, costruire relazioni con le parti interessate e aumentare la visibilità e la portata di un'azienda. Tutti questi fattori hanno un impatto importante sulla

Marketing dei contenuti

Il content marketing è un approccio di marketing strategico incentrato sulla creazione e ladistribuzione di contenuti di valore, pertinenti e coerenti per attirare e mantenere un pubblico chiaramente definito e, in definitiva, per guidare un'azione redditizia del cliente.

Il content marketing viene utilizzato da aziende di tutte le dimensioni e in tutti i settori per costruire la consapevolezza del marchio, generare lead e aumentare le vendite. È un modo efficace per raggiungere e coinvolgere i clienti, nonché per creare relazioni significative con loro.

Il content marketing è una parte importante della strategia di marketing complessiva di qualsiasi azienda. Aiuta a creare un'esperienza cliente positiva, creare fiducia e stabilire la credibilità di un marchio. Consente inoltre alle aziende di raggiungere un pubblico più ampio e aumentare la loro visibilità.

Il content marketing ha un impatto positivo sulla crescita del business contribuendo a generare lead, aumentare il traffico del sito Web e aumentare le vendite. Aiuta anche a costruire la fedeltà e la fiducia del marchio, che porta a clienti abituali e ad aumentare il valore del ciclo di vita del cliente. Il content marketing aiuta anche a migliorare il posizionamento nei motori

di ricerca, come contenuto pertinente e di alta qualità aiuta a migliorare il posizionamento di un sito web nei risultati dei motori di ricerca. Ciò porta ad un aumento del traffico del sito Web e a più potenziali clienti.

Il content marketing aiuta anche a costruire relazioni con i clienti, in quanto consente alle aziende di fornire informazioni affidabiliche aiutano a educare e informare i clienti. Questo aiuta a costruire fiducia e lealtà, che porta ad un aumento delle vendite e della fedeltà dei clienti

Il content marketing è un potente strumento per aziende di tutte le dimensioni e in tutti i settori. Aiuta a ridurrela consapevolezza del marchio, generare lead e aumentare le vendite. Aiuta anche a migliorare il posizionamento nei motori di ricerca, costruire relazioni con i clienti e aumentare la fedeltà dei clienti.

Influencer Marketing

L'influencer marketing è un tipo di marketing che si concentra sull'utilizzo di leader chiave per guidare il messaggio del tuo marchio al mercato più ampio. Piuttosto che commercializzare direttamente a un grande gruppo di consumatori, ispiri / influenzi / assumi influencer per ottenere la parola per te. Gli influencer possono essere chiunque, dalle celebrità alle persone di tuttii giorni con un grande seguito sui social media.

L'impatto dell'influencer marketing sulla crescita del business è significativo. È stato trovato per essere una delle forme più efficaci di marketing, con un ritorno medio sull'investimento di $ 6,50 per ogni dollaro speso. Questo perché gli influencer hanno la capacità di raggiungere rapidamente un vasto pubblico e la loro approvazione di un prodotto o servizio ha più peso della pubblicità tradizionale.

Inoltre, l'influencer marketing aiuta a costruire la consapevolezza e la fiducia del marchio. Gli influencer hanno la capacità di creare una connessione personale con i loro follower, che aiuta a costruire lealtà e fiducia in un marchio. Ciò ha portato a un aumento delle vendite e della fidelizzazione dei clienti.

L'influencer marketing aiuta le aziende a raggiungere nuovi segmenti di pubblico. Collaborando con influencer, le aziende possono attingere a nuovi mercati e dati demografici che potrebbero non essere stati esposti ai loro prodotti o servizi prima. Questo aiuta le aziende ad espandere la loro portata e aumentare la loro base di clienti.

L'influencer marketing è uno strumento efficace e potente per le aziende che cercano di far crescere il proprio marchio e aumentare le vendite. Aiuta a creare fiducia e lealtà, raggiungere nuovi segmenti di pubblico e generare un elevato ritorno sull'investimento.

Ottimizzazione per i motori di ricerca

Search Engine Optimization (SEO) è il processo di ottimizzazione di un sito web o di una pagina web per aumentarne la visibilità nei risultati dei motori di ricerca. SEO aiuta a garantire che un sito web sia accessibile a un motore di ricerca e migliora le possibilità che il sito web venga trovato dal motore di ricerca. La SEO è una parte importante della presenza online di qualsiasi azienda, in quanto aiuta a indirizzare il traffico organico verso il sito Web e porta ad un aumento delle vendite e della consapevolezza del marchio.

SEO è una strategia a lungo termine che prevede l'ottimizzazione di un sito Web per parole chiave e frasi specifiche che sono rilevantiper i prodotti o servizi dell'azienda. La SEO comporta l'ottimizzazione del contenuto, della struttura e del codice del sito Web per renderlo più attraente per i motori di ricerca. La SEO comporta anche la creazione di collegamenti da altri siti Web al sito Web, nonché l'ottimizzazione dellapresenza sui social media del sito Website.

L'impatto della SEO sulla crescita del business è significativo. SEO aiuta ad aumentare il traffico organico verso un sito web, che porta ad un aumento delle vendite e della consapevolezza del marchio. SEO aiuta anche a migliorare la visibilità del sito web nei risultati dei motori di ricerca, il che porta più persone a trovare il sito web e interagire con l'azienda. SEO aiuta anche a migliorare l'usabilità del sito web, che porta ad una maggiore soddisfazione e fedeltà dei clienti.

La SEO è una parte importante della presenza online di qualsiasi azienda e ha un impatto significativo sulla crescita del business. SEO aiuta ad aumentare il traffico organico verso il sito web, migliorare la visibilità del sito web nei risultati dei motori di ricerca e migliorare l'usabilità del sito web. Tutti questi fattori portano ad un aumento delle vendite e dell'aumento del marchio, che contribuiscono a guidare la crescita del business.

Pubblicità mobile

La pubblicità mobile è una forma di marketing digitale che utilizza i dispositivi mobili per raggiungere potenziali clienti. È una forma di pubblicità in rapida crescita che può essere utilizzata per indirizzare i clienti in varimodi, tra cui il targeting basato sulla posizione, il targeting contestuale e il targeting demografico. La pubblicità mobile viene utilizzata per promuovere prodotti, servizi ed eventi, nonché per indirizzare il traffico verso i siti Web e aumentare la consapevolezza del marchio.

L'impatto della pubblicità mobilesulla crescita delle imprese è significativo. Secondo uno studio, la spesa pubblicitaria mobile dovrebbe raggiungere i 257,5 miliardi di dollari entro il 2025, rispetto ai 69,9 miliardi di dollari del 2016. Questa crescita è guidata dal crescente numero di persone che utilizzano dispositivi mobili per accedere a Internet, nonché dal numero crescente di persone che utilizzano dispositivi mobili per effettuare acquisti.

La pubblicità mobile viene utilizzata per raggiungere

potenziali clienti in vari modi. Ad esempio, il targeting basato sulla posizione può essere utilizzato per indirizzare i clienti in un'area geografica specifica. Il targeting contestuale viene utilizzato per indirizzare i clienti in base ai loro interessi o comportamenti. Il targeting demografico viene utilizzato per indirizzare i clienti in base alla loro età, sesso o altre caratteristiche   demografiche.

La pubblicità mobile vieneutilizzata per aumentare la consapevolezza del marchio. Sfruttando la potenza dei dispositivi mobili, le aziende raggiungono i potenziali clienti in modo più personale e coinvolgente. La pubblicità mobile viene utilizzata anche per indirizzare il traffico verso i siti Web, aumentare i download di app e generare lead.

Oltre ad aumentare la consapevolezza del marchio e guidare il traffico, la pubblicità mobile viene utilizzata anche per aumentare le vendite. Rivolgendosi ai clienti con annunci pertinenti, le aziende aumentano le loro possibilità di effettuare una vendita. La pubblicità mobile viene utilizzata anche perfidelizzare i clienti coinvolgendoli con messaggi e offerte personalizzati.

Pubblicità stampata

La pubblicità stampata è una forma di pubblicità che utilizza supporti fisicamente stampati, come riviste, giornali e posta diretta, per raggiungere un pubblico mirato. È una delle più antiche forme di pubblicità, con una lunga storia di successo. La pubblicità stampata è un modo efficace per raggiungere un vasto pubblico e aiutare le aziende a crescere ed espandere la loro portata.

La pubblicità stampata viene utilizzata per rivolgersi a un pubblico specifico, ad esempio una determinata fascia di età o area geografica. Viene anche utilizzato per raggiungere un vasto pubblico, come un mercato nazionale o globale. La pubblicità stampata viene utilizzata per promuovere un prodotto o un servizio, creare consapevolezza del marchio e aumentare le vendite. Viene anche utilizzato per costruire relazioni con i clienti, aumentare la fedeltà dei clienti e creare un'immagine positiva del marchio.

La pubblicità stampata viene utilizzata in vari modi per raggiungere un pubblico mirato. Viene utilizzato per creare campagne di direct mailing, inserire annunci pubblicitari su giornali e riviste e distribuire volantini. Viene anche utilizzato per creare cartelloni pubblicitari, poster e altre forme di pubblicità esterna.

La pubblicità stampata è un modo economico per raggiungere un vasto pubblico e aiutare le aziende a crescere ed espandere la loro portata.

Pubblicità radiofonica

Radio advertising è uno strumento potente per le aziende di tutte le dimensioni. È un modo efficace per raggiungere un vasto pubblico e viene utilizzato per indirizzare dati demografici specifici. La pubblicità radiofonica viene utilizzata per creare consapevolezza del marchio, aumentare le vendite e fidelizzare i clienti.

La pubblicità radiofonica è un modo economico per raggiungere un vasto pubblico. È relativamente economico rispetto ad altre forme di pubblicità, come la televisione o la stampa. La pubblicità radiofonica può anche essere adattata a dati demografici specifici, consentendo alle aziende di indirizzare il loro messaggio alle persone giuste.

La pubblicità radiofonica viene utilizzata per creare consapevolezza del marchio. Viene utilizzato per presentare un nuovo prodotto o servizio al pubblico o per ricordare alle persone un prodotto o un servizio esistente. La pubblicità radiofonica può anche essere utilizzata per aumentarele vendite. Viene utilizzato per promuovere una vendita o un'offerta speciale o per incoraggiare le persone ad acquistare un prodotto o un servizio.

La pubblicità radiofonica può anche essere utilizzata per fidelizzare i clienti. Creando un messaggio coerente, le aziende possono costruire una relazione con i propri clienti. Ciò può portare a clienti abituali e ad un aumento delle vendite.

La pubblicità radiofonica può anche essere utilizzata per raggiungere un'ampia varietà di pubblico. Viene utilizzato per indirizzare specifici gruppi di età, generi o aree geografiche. Ciò consente alle aziende di adattare il loro messaggio alle persone giuste.

La pubblicità radiofonica può avere un impatto positivo sulla crescita del business. Viene utilizzato per creare consapevolezza del marchio, aumentare le vendite e fidelizzare i clienti. È un modo economico per raggiungere un vasto pubblico e può essere personalizzato perspecifici dati demografici. La pubblicità radiofonica è uno strumento efficace per le aziende di tutte le dimensioni.

Pubblicità televisiva

La pubblicità televisiva è una delle forme più potenti ed efficaci di pubblicità disponibili oggi per le aziende. Ha il potenziale perraggiungere un vasto pubblico, generare consapevolezza del marchio e aumentare le vendite. La pubblicità televisiva viene utilizzata per rivolgersi a un pubblico specifico, creare una connessione emotiva con gli spettatori e costruire la fedeltà   al   marchio.

L'impatto della pubblicità televisiva sul business èsignificativo. Gli studi hanno dimostrato che la pubblicità televisiva può aumentare la consapevolezza e il riconoscimento del marchio, creare una connessione emotiva con gli spettatori e aumentare le vendite. Può anche aiutare a costruire la fedeltà al marchio, man mano che gli spettatori acquisiscono familiarità con il brand e isuoi prodotti.

La pubblicità televisiva può anche essere utilizzata per rivolgersi a un pubblico specifico. Le aziende possono utilizzare i dati demografici per determinare quali spettatori hanno maggiori probabilità di essere interessati ai loro prodotti o servizi. Ciò consente loro di adattare il loro annuncioa quegli spettatori, aumentando la probabilità che rispondano all'annuncio.

Le aziende possono utilizzare musica, immagini e narrazione per creare una risposta emotiva negli spettatori. Questo può aiutare a creare un legame emotivo tra lo spettatore e la crusca, aumentando la probabilità che si ricordino del marchio e acquistino i suoi prodotti o servizi.

La pubblicità televisiva viene utilizzata per costruire la fedeltà al marchio. Le aziende possono utilizzare la pubblicità televisiva per creare una relazione continua con gli spettatori. Ciò può includere l'offerta di sconti o promozioni agli spettatori che guardano l'annuncio o la creazione di una serie di annunci che raccontano una storia sul marchio. Ciò può aiutare a creare un senso di lealtà tra gli spettatori, aumentando la probabilità che continuino ad acquistare i prodotti o i servizi del marchio.

In conclusione, la pubblicità televisiva può avere un impatto significativo sulla crescita del business. Viene utilizzato per rivolgersi a un pubblico specifico *Punti da considerare per la pubblicità televisiva.*

- **Pubblico di destinazione**: identifica il pubblico di destinazione per l'annuncio televisivo e personalizza il messaggio per soddisfare le loro esigenze.

- **Budget**: determina un budget realistico per lo spot televisivo e assicurati che rientri nel budget complessivo del marketing.

- **Frequenza**: decidi la frequenza con cui l'annuncio deve essere trasmesso per massimizzarne l'impatto.

- **Monitoraggio**: implementare un sistema di tracciamento per garantireil successo dell'annuncio.

- **Valutazione**: analizza i risultati dell'annuncio e apporta le modifiche necessarie.

- **ROI**: calcola il ritorno sull'investimento dell'annuncio per determinarne l'efficacia.

- **Branding**: utilizza l'annuncio per aumentare la notorietà e il riconoscimento del marchio.

- **Promozioni**: utilizza l'annuncio per promuovere offerte speciali e sconti.

Pubblicazioni commerciali

Le pubblicazioni commerciali, note anche come riviste specializzate, sono riviste o giornali che si concentrano su un'industria o un settore specifico, come la finanza, la tecnologia o l'assistenza sanitaria. Forniscono notizie, analisi e opinioni sul settore, nonché informazioni su nuovi prodotti e servizi. Le pubblicazioni commerciali sono spesso utilizzate dalle aziende per rimanere aggiornate sulle tendenze del settore e per ottenere informazioni sui loro

- **Tempistica**: scegli il momento migliore per trasmettere l'annuncio per garantire la massima copertura e impatto.

- **Creatività**: sviluppa un concetto creativo per l'annuncio che catturi l'attenzione del pubblico di destinazione.

- **Script**: scrivi uno script che trasmetta il messaggio in modo chiaro e conciso.

- **Produzione**: Assumere una società di produzione professionale per produrre l'annuncio.

- **Voce fuori campo**: seleziona un doppiatore che darà vita alla sceneggiatura.

- **Musica**: scegli la musica che migliorerà l'annuncio e creerà l'atmosfera desiderata.

- **Elementi visivi**: selezionare gli oggetti visivi che aiuteranno a comunicare il messaggio.

- **Posizionamento**: decidi dove posizionare l'annuncio nel palinsesto televisivo.

- **Durata**: determina la lunghezza dell'annuncio e assicurati che rientri nel tempo assegnato.

concorrenti. *Le*

pubblicazioni commercialipossono avere un impatto significativo sulla crescita delle imprese. Forniscono alle aziende informazioni preziose sul settore, come tendenze del mercato, nuovi prodotti e servizi e tecnologie emergenti. Queste informazioni possono aiutare le aziende a prendere decisioni informate sulle loro strategie e operazioni. Le pubblicazioni commerciali possono aiutare le aziende a identificare potenziali partner, clienti e fornitori.

Le pubblicazioni commerciali possono anche essere utilizzate per promuovere i prodotti e i servizi di un'azienda. Con la pubblicità nelle pubblicazioni specializzate, le imprese possono raggiungere il loro pubblico di destinazione e aumentare la loro visibilità. Le aziende possono utilizzare le pubblicazioni commerciali per costruire relazioni con leader del settore e influencer. Ciò può aiutare le imprese a guadagnare credibilità e ad accedere a nuovi mercati.

Le pubblicazioni commerciali possono aiutare le aziende a stare al passo con la concorrenza. Leggendo le pubblicazioni commerciali, le aziende possono rimanere aggiornate sulle tendenze del settore e ottenere informazioni sulle strategie dei loro concorrenti. Questo può aiutare le aziende a rimanere un passo avanti rispetto alla concorrenza e posizionarsi per il successo.

Pubblicità esterna

La pubblicità esterna è una forma di pubblicità che utilizza strutture fisiche per promuovere prodotti, servizi e marchi. Include cartelloni pubblicitari, insegne, poster, striscioni e altre forme di comunicazione visiva. La pubblicità esterna è una delle forme più antiche dipubblicità ed è ancora uno dei modi più efficaci per raggiungere un vasto pubblico.

La pubblicità esterna ha il potenziale per raggiungere un gran numero di persone in un breve lasso di tempo. Viene spesso utilizzato per creare consapevolezza del marchio e per guidare le vendite. Puòanche essere utilizzato per creare un senso di urgenza e per incoraggiare le persone ad agire. La pubblicità esterna può essere utilizzata per rivolgersi a un pubblico specifico, come quelli in una determinata area geografica o quelli con interessi specifici.

Anche la pubblicità esterna è cost-efficace. Spesso è più economico di altre forme di pubblicità, come la televisione e la radio. È anche più flessibile, in quanto può essere cambiato rapidamente e facilmente.

La pubblicità esterna può avere un impatto positivo sulla crescita del business.

Punti da considerare perla pubblicità esterna.

- **Posizione**: la scelta della posizione giusta per la pubblicità esterna è fondamentale per il suo successo. Scegli luoghi con traffico pedonale e visibilità elevati.

- **Tempismo**: il tempismo è fondamentale quando si tratta di pubblicità esterna. Considera quando è più probabile che le persone vedano l'annuncio e pianifichi di conseguenza.

- **Design**: assicurati che la tua pubblicità esterna sia accattivante e memorabile. Usa colori vivaci, caratteri audaci e un design accattivante.

- **Pubblico di destinazione**: conosci il tuo pubblico di destinazione e personalizza la tua pubblicità esternaper loro. Considera la loro età, sesso, interessi e altre informazioni demografiche.

- **Costo**: la pubblicità esterna può essere costosa, quindi assicurati di avere un budget in atto. Considera il tuo ritorno sull'investimento quando decidi quanto spendere.

- **Misurazione**: tieni traccia delle tue campagne pubblicitarie esterne per misurarne l'efficacia. Utilizza metriche quali impressioni, clic e conversioni per determinare se le tue campagne hanno successo.

- **Varietà**: prova diversi tipi di pubblicità esterna per raggiungereun pubblico diverso. Prendi in considerazione cartelloni pubblicitari, fermate degli autobus e altre forme di pubblicità esterna.

- **Frequenza**: assicurati che la tua pubblicità esterna venga vista spesso. Prendi in considerazione la possibilità di pubblicare più campagne nella stessa area per aumentare la visibilità.

- **Coerenza**: mantieni la tua pubblicità esterna coerente con le altre tue attività di marketing. Utilizza lo stesso branding, la stessa messaggistica e gli stessi elementi visivi in tutte le tue campagne.

- **Social media**: sfrutta i social media per aumentare la portata della tua pubblicità esterna. Usa hashtag, link e altri ticper indirizzare le persone al tuo sito web o agli account dei social media.

- **Interattività**: rendi interattiva la tua pubblicità esterna aggiungendo codici QR, realtà aumentata o altri elementi interattivi.

Pubblicità nei punti vendita

La pubblicità sul punto vendita (POS) è un tipo di marketing utilizzato per promuovere prodotti e servizi nel punto vendita. È una forma di pubblicità in-store che viene utilizzata per aumentare le vendite e la consapevolezza del marchio. La pubblicità POS viene utilizzata per attirare l'attenzione su prodotti e servizi e perincoraggiare i clienti ad acquistarli.

La pubblicità POS può essere utilizzata in vari modi, inclusi display, poster, banner, cartelli e altri materiali. Può anche essere utilizzato in combinazione con altre tecniche di marketing, come coupon, scontie promozioni.

La pubblicità POS è un modo efficace per raggiungere i clienti nel punto di acquisto. Viene utilizzato per aumentare le vendite ricordando ai clienti il prodotto o il servizio, nonché per creare consapevolezza del marchio. Può anche essere utilizzato per informare i clientidi offerte speciali e promozioni.

La pubblicità POS può avere un impatto positivo sulla crescita del business. Può aiutare ad aumentare le vendite e la consapevolezza del marchio, nonché a creare un'impressione positiva del business. Può anche contribuire ad aumentare la fedeltà dei clienti, poiché i clienti hanno maggiori probabilità di tornare in un negozio se hanno un'esperienza positiva.

La pubblicità POS può essere un modo economico per raggiungere i clienti. Può essere utilizzato per rivolgersi a clienti specifici, come quelli che potrebbero acquistare un particolare prodottoo servizio. Può anche essere utilizzato per raggiungere un pubblico più ampio, ad esempio coloro che potrebbero non essere a conoscenza del prodotto o del servizio.

La pubblicità POS viene utilizzata per creare un'impressione positiva del business. Viene utilizzato per mostrare ai clienti che l'azienda è professionalee affidabile. Può anche essere utilizzato per creare un senso di urgenza, poiché i clienti potrebbero essere più propensi ad acquistare un prodotto o un servizio se lo sentono.

CAPITOLO DECIMO

Creare il budget e il piano finanziario

La creazione di un budget e di un piano finanziario per una nuova attività è un passo importante nel processo di avvio di un'impresa. È essenziale avere una chiara comprensione delle risorse finanziarie disponibili per l'azienda e di come verranno utilizzate.

La pianificazione finanziaria per una nuova attività è un passo importante per garantire il successo dell'azienda. Si tratta di analizzare la situazione finanziaria attuale, stabilire obiettivi finanziari e sviluppare strategie per raggiungere tali obiettivi.

- **Analisi della situazione finanziaria attuale**: ciò comporta l'esame dell'attuale situazione finanziaria dell'azienda, inclusi flusso di cassa, reddito, spese, attività, passività e patrimonio netto. Questa analisi ti aiuterà a identificare eventuali problemi potenziali e aree che necessitano di miglioramenti.

- **Definizione di obiettivi finanziari**: una volta che hai una chiara comprensione della situazione finanziaria attuale, stabilisci obiettivi finanziari per l'azienda.

Questi obiettivi dovrebbero essere realistici e raggiungibili e dovrebbero includere obiettivi a breve e lungo termine con gli obiettivi finanziari che devono essere raggiunti.

- **Sviluppo di** strategie: dopo aver fissatogli obiettivi finanziari, è necessario sviluppare strategie per raggiungere tali obiettivi. Ciò può includere budgeting, investimenti e gestione del debito.

- **Monitoraggio dei progressi**: una volta stabiliti gli obiettivi e le strategie finanziarie, è necessario monitorare i progressi per garantire che gli obiettivi vengano raggiunti. Questo può essere fatto monitorando entrate e spese e confrontandole con gli obiettivi.

- **Analizzare il mercato**: il prossimo passo è analizzare il mercato. Qual è la dimensione del mercato? Chi sono i concorrenti? Quali sono le tendenze del settore?

- **Stimare i costi di avvio**: una volta completati gli obiettivi e l'analisi di mercato, il passo successivo è stimare i costi di avvio per l'azienda. Ciò include il costo di attrezzature, forniture, inventario e qualsiasi altro costo associato all'avvio eal funzionamento dell'attività.

- **Stima delle spese operative**: dopo aver stimato i costi di avvio, il passo successivo consiste nel stimare le spese operative. Ciò include il costo del lavoro, l'affitto, le utenze, l'assicurazione, la pubblicità e altre speseassociate alla gestione dell'attività.

- **Creare un budget**: una volta stimati i costi di avvio e le spese operative, il passo successivo è creare un budget. Ciò include l'impostazione di un budget per ogni categoria di spesa e la creazione di una sequenza temporale per quando verranno sostenute lespese.

- **Creare un piano finanziario**: il passaggio finale nella creazione di un budget e di un piano finanziario per una nuova attività consiste nel creare un piano finanziario. Ciò include la creazione di una proiezione del flusso di cassa, la creazione di un sistema per il monitoraggio delle entrate e delle spese.

La pianificazione finanziaria per una nuova attività è un passo importante per garantire il successo dell'azienda. Analizzando l'attuale situazione finanziaria, fissando obiettivi finanziari, sviluppando strategie per raggiungere tali obiettivi e monitorando i progressi, puoi assicurartiche la tua azienda sia sulla strada giusta.

CAPITOLO UNDICI

Garantire finanziamenti e capitale

Garantire finanziamenti e capitali per una nuova attività è un processo critico e spesso impegnativo. È importante comprendere le diverse fonti di finanziamento disponibili e sviluppare una strategia globale per ottenere il capitale necessario.

Il primo passo per garantire finanziamenti e capitali per una nuova attività è valutare l'attuale situazione finanziaria. Ciò include la valutazione del flusso di cassa corrente, dell'ammontare del debito e del livello di capitale proprio. È importante comprendere le esigenze finanziarie dell'azienda e sviluppare un piano su come verrà utilizzato il denaro.

Una volta valutata la situazione finanziaria, il passo successivo consiste nell'individuare potenziali fonti di finanziamento e di capitale. Queste fonti possono includere istituti di credito tradizionali come banche, venture capitalist, investitori angelici e sovvenzioni governative. È importante ricercare le diverse opzioni disponibili e determinare quali sono più adatte per l'azienda.

Una volta identificate le fonti di finanziamento e di

capitale, il passo successivo è creare un piano finanziario. Questo piano dovrebbe includere informazioni dettagliate sui costi aziendali, compresi i costi dei prodotti e dei servizi offerti, la disponibilità del mercato di riferimento, il panorama competitivo e le proiezioni finanziarie. Tale piano dovrebbe includere anche una descrizione dettagliata dell'uso proposto dei fondi e un calendario per il momento in cui i fondi saranno utilizzati.

Una volta creato il piano finanziario, il passo successivo è presentare il piano ai potenziali investitori. Ciò può comportare la presentazione del piano a banche, venture capitalist, angel investor o agenzie governative. È importante essere pronti a rispondere a qualsiasi domanda che possa sorgere e fornire informazioni dettagliate sull'attività e sull'uso proposto dei fondi.

Una volta che il finanziamento e il capitale sono stati garantiti, è importante sviluppare un piano su come verrà utilizzato il denaro.

Vari mezzi e modi per garantire finanziamenti e capitali
Crowdfunding

Il crowdfunding è un modo per raccogliere fondi per un progetto o un'impresa commerciale chiedendo a un gran numero di persone di contribuire con una piccola somma di denaro. Di solito è fatto attraverso una piattaforma online. Il crowdfunding può aiutare le nuove imprese fornendo loroun accesso a capitali a cui altrimenti non avrebbero potuto accedere. Consente inoltre loro di testare il mercato per il tuo prodotto o servizio e valutare il livello di interesse in esso. Viene utilizzato per costruire una comunità di sostenitori intorno all'azienda, che èinestimabile per il marketing e la promozione.

Angel Investors

Gli investitori angel sono individui che forniscono capitale alle start-up in cambio di equity. In genere investono i propri soldi e di solito sono individui con un patrimonio netto elevato. Gli investitori angel forniscono ilcapitale necessario alle start-up quando il finanziamento tradizionale non è disponibile. Forniscono anche preziosi consigli e tutoraggio a te, aiutandoti a sviluppare e far crescere le tue attività. Gli investitori angel hanno spesso un interesse acquisito nel successo dell'azienda e possono fornire una guida preziosa per aiutare l'azienda ad avere successo.

Prestiti bancari

I prestiti bancari sono fondi che vengono prestati da una banca a un'azienda o a un individuo. Sono in genere utilizzati per finanziare grandi acquisti o investimenti, come l'acquisto di un nuovo edificio, l'acquisto di attrezzature o l'espansione di un'attività. I prestiti bancari sono solitamente garantiti da garanzie, come i beni di un'azienda o una casa personale.

I prestiti bancari possono essere una buona opzione per le tue aziende per ottenere il capitale necessario per iniziare. Sottoscrivendo un prestito, puoi acquistare le attrezzature, le forniture e le altre risorse necessarie per far funzionare la tua attività. I prestiti bancari possono essere utilizzati per finanziare l'espansione di un'attività esistente, permettendole di crescere e aumentare i suoi profitti.

I prestiti bancari possono aiutare le nuove imprese fornendo loro l'accesso al capitale che viene utilizzato per acquistare attrezzature, assumere dipendenti e coprire le spese operative. I prestiti bancari possono anche offrire alle imprese l'opportunità di costruire una storia creditizia, che è vantaggiosa per i finanziamenti futuri. Le banche possonofornire alle aziende la flessibilità di rimborsare il prestito per un periodo di tempo più lungo, consentendoti di concentrarti sulla crescita della tua attività.

Capitale

I venture capitalist sono investitori che forniscono capitale a start-up e piccole impreseche si ritiene abbiano un potenziale di crescita a lungo termine. I venture capitalist possono aiutare le nuove imprese fornendo capitale per aiutarle a crescere, oltre a offrire consulenza e orientamento su come utilizzare al meglio i fondi. Possono anche aiutare con il networking e le presentazionia potenziali partner e clienti.

I venture capitalist sono investitori che forniscono capitale alle imprese in cambio di equity. Sono in genere individui con un patrimonio netto elevato, società di investimento o banche specializzate nella fornitura di capitale alle società in fase iniziale. I venture capitalist in genere investono in società che hanno il potenziale per crescere rapidamente e generare rendimenti elevati.

I venture capitalist possono fornire alle nuove imprese il capitale di cui hanno bisogno per decollare e crescere. Possono anche fornire preziosi consigli e tutoraggio agli imprenditori, aiutandoli a prendere le giuste decisioni e navigare nelle complessità del mondo delle start-up. I venture capitalist possono anche aiutare le nuove imprese a ottenere finanziamenti aggiuntivi, ad esempio da angel investoo altre società di capitale di rischio.

I venture capitalist in genere cercano aziende che abbiano un forte team di gestione, un piano aziendale chiaro e un prodotto o un servizio che abbia il potenziale per scalare rapidamente. Cercano anche società che abbiano il potenzialeper generare rendimenti elevati sui loro investimenti.

I venture capitalist possono essere una grande fonte di finanziamento e consulenza per le nuove imprese. Tuttavia, è importante ricordare che i venture capitalist stanno cercando di ottenere un ritorno sui loro investimenti, quindi dovrestiessere pronto a rinunciare a una parte della tua azienda in cambio del capitale che ricevi.

Sovvenzioni per le piccole imprese

Le sovvenzioni alle piccole imprese sono fondi forniti da organizzazioni governative o private per aiutare le nuove imprese a iniziare. Questi grant possono fornire capitale per coprire i costi di avvio, acquistare attrezzature, assumere dipendenti e altro ancora. Le sovvenzioni possono essere utilizzate per coprire una vasta gamma di spese, tra cui marketing, ricerca e sviluppo e costi operativi. Le sovvenzioni possono anche essere utilizzate per aiutare le impresead espandere o diversificare le loro operazioni. Le sovvenzioni sono un'opportunità per le nuove imprese di ottenere il capitale di cui hanno bisogno per decollare e avere successo.

Le sovvenzioni per le piccole imprese aiutano le nuove imprese a decollare. Le sovvenzioni possono fornire il capitale tanto necessario per aiutare gli imprenditori a lanciare le loro attività e coprire i costi di avvio. Le sovvenzioni possono anche essere utilizzate per aiutare le aziende ad espandere le loro operazioni, acquistare nuove attrezzature, assumere nuovi dipendenti e altro ancora.

Il primo passo per richiedere una sovvenzione per le piccole imprese è determinare quali sovvenzioni sono disponibili. Ci sono una varietà di sovvenzioni disponibili, da sovvenzioni centrali e statali a sovvenzioni private da fondazioni e altre organizzazioni. È importante ricercare i diversi tipi di sovvenzioni disponibilie determinare quali sono le più adatte alla tua attività.

Una volta identificate le sovvenzioni disponibili, sarà necessario completare una domanda. Il processo di candidatura può variare a seconda della sovvenzione, ma in genere richiede un piano aziendale dettagliato,rendiconti finanziari e altri documenti giustificativi. È importante essere accurati e precisi quando si completa la domanda al fine di massimizzare le possibilità di ottenere la sovvenzione.

Una volta presentata la domanda, il processo di revisione della sovvenzione può richiedere diverse settimane o mesi. Durante questo periodo, il comitato di revisione della sovvenzione esaminerà la domanda e prenderà una decisione sull'assegnazione o meno della sovvenzione. Se la sovvenzione viene concessa, i fondi saranno distribuiti all'azienda e utilizzati per loscopo   specificato.

Le sovvenzioni alle piccole imprese aiutano a far decollare una nuova attività. Possono fornire il capitale necessario per coprire i costi di avvio, acquistare nuove attrezzature, assumere nuovi dipendenti e altro ancora. È importante ricercare i diversi tipi di sovvenzioni disponibili e completare una domanda completa e accurata al fine di massimizzare le possibilità di ottenere la sovvenzione.

Famiglia e amici

La famiglia e gli amici sono una grande fonte di supporto per le nuove imprese. Possono fornire supporto emotivo e finanziario, nonché consigli pratici e assistenza. Ecco alcuni dei modi in cui familiari e amici possono aiutare le nuove imprese:

- **Supporto finanziario**: la famiglia e gli amici possono fornire sostegno finanziario alle nuove imprese, sia attraverso investimenti diretti che prestiti. Questo è un buon supporto per far decollare l'attività, in quanto può fornire il capitale necessario per iniziare.

- **Supporto emotivo e morale**: avviare un'impresa è un processo stressante e impegnativo. Avere familiari e amici su cui appoggiarsipuò fornire il supporto emotivo necessario per superare i momenti difficili. La famiglia e gli amici possono fornire il supporto necessario per aiutare il proprietario dell'azienda a rimanere motivato e concentrato sul compito a portata di mano.

- **Consigli pratici**: la famiglia e gli amici possono fornire preziosi consigli e indicazioni su come avviare e gestire un'impresa. Possono avere esperienza nel settore o conoscere qualcuno che lo fa e può fornire preziose informazioni sul processo.

- **Networking**: la famiglia e gli amici possono aiutare ad espandere la rete aziendale presentandolia potenziali clienti, fornitori e partner. Ciò contribuirà a far decollare l'azienda e ad aumentarne la portata.

- **Promozione**: la famiglia e gli amici possono aiutare a promuovere l'attività diffondendo la parola su di esso alla propria rete. Questo èun buon metodo per far notare l'azienda e aumentare la sua base di clienti.

- **Seed Money**: la famiglia e gli amici possono fornire il capitale iniziale necessario per far decollare un'attività. Ciò avviene attraverso un prestito o un investimento in cambio di capitale proprio nella concessione.

- **Mentorship**: la famiglia e gli amici possono fornire preziosi consigli e indicazioni per aiutare il proprietario dell'azienda a prendere decisioni informate.

- **Promozione**: familiari e amici possono aiutare a spargere la voce sull'azienda parlandone ai propri contatti e follower sui social media.

- **Servizi gratuiti**: familiari e amici possono offrire i loro servizi gratuitamente o a una tariffa scontata per aiutare l'attività a iniziare . Ciò potrebbe includere servizi di contabilità, legali, marketing o web design.

- **Crowdfunding**: familiari e amici possono aiutare l'imprenditore a raccogliere fondi attraverso piattaforme di crowdfunding.

- **Angel Investors**: La famiglia e gli amici possono presentare l'attività agli investitori angelici che possono fornire maggiori quantità di capitale in cambio di capitale proprio nel business.

La famiglia e gli amici possono essere grandi fonti di supporto per le nuove imprese. Possono fornire supporto finanziario, emotivo e pratico, nonché aiutare ad espandere la rete aziendale e promuoverla alle proprie reti.

Carte di credito aziendali

Le carte di credito aziendali sono un tipo di carta di credito specificamente progettata per soddisfare le esigenze delle aziende. Sono progettati per aiutare le aziende a gestire il flusso di cassa, effettuare acquisti e tenere traccia delle spese. Le carte di credito aziendali offrono una varietà di vantaggi, tra cui premi, cash back e altri incentivi.

Le carte di credito aziendali possono aiutare le aziende in vari modi. Possono aiutare le aziende a gestire il loro flusso di cassa fornendo accesso ai fondi quando necessario. Le aziende possono utilizzare le carte per effettuare acquisti, pagare servizi e coprire altrespese. Le carte di credito aziendali aiutano anche le aziende a tenere traccia delle spese, semplificando la gestione delle   finanze.

Le carte di credito aziendali possono anche aiutare le aziende a costruire il loro credito. Le aziende possono utilizzare le carte per stabilire una storia creditizia e costruire un buon punteggio di credibilità. Ciò è vantaggioso quando si richiedono prestiti o altri finanziamenti.

Le carte di credito aziendali possono anche fornire alle aziende premi e cash back. Molte carte di credito aziendali offrono programmi di premi, come punti o cash back, che vengono utilizzati per acquistarearticoli o servizi. Questo può aiutare le aziende a risparmiare denaro e aumentare i loro profitti.

Le carte di credito aziendali possono anche aiutare le aziende con i costi di avvio. Molte carte di credito aziendali offrono tariffe introduttive basse e altri incentivi, come nessuna commissione annuale, che possono aiutare le aziende a iniziare. Questo può aiutare le aziende a risparmiare denaro e ridurre i costi di   avvio.

Le carte di credito aziendali possono essere un ottimo strumento per le aziende di tutte le dimensioni. Possono aiutare le aziende a gestire il flusso di cassa, effettuare acquisti e le spese di rack. Possono anche aiutare le aziende a costruire il loro credito e risparmiare denaro con premi e cash back. Le carte di credito aziendali possono essere generalmente buone per aiutare le aziende a iniziare e crescere.

Incubatori di imprese

Un incubatore di imprese è un programma progettato peraiutare le imprese nuove e start-up a svilupparsi fornendo servizi come la formazione manageriale, l'accesso ai finanziamenti e lo spazio ufficio. Gli incubatori di imprese sono in genere sponsorizzati da università, organizzazioni di sviluppo economico o agenzie governative. L'obiettivo di un incubatore di imprese è aiutare gli imprenditori ad avviare e far crescere le loro attività e creare posti di lavoro e sviluppo economico nella comunità locale.

Gli incubatori di imprese forniscono una gamma di servizi per aiutare gli imprenditori a lanciare e far crescere le loro imprese. Questi servizi possono includere:

- **Formazione** manageriale: gli incubatori di imprese forniscono formazione su argomenti quali pianificazione aziendale, marketing, contabilità e questioni legali.

- **Accesso ai finanziamenti**: gli incubatori di imprese possono aiutare gli imprenditori ad accedere ai finanziamenti da venture capitalist, angel investor e altre fonti.

- **Spazio per uffici**: gli incubatori di imprese forniscono spazi per uffici agli imprenditori da utilizzare mentre stanno lanciando e facendo crescere le loro attività.

- **Mentoring**: gli incubatori di imprese forniscono tutoraggio e consulenza da parte di imprenditori esperti e professionisti aziendali.

- **Networking**: gli incubatori di imprese possono aiutare gli imprenditori a fare rete con altri imprenditori, investitori e potenziali clienti.

- **Tecnologia**: gli incubatori di imprese possono fornire accesso alla tecnologia e alle risorse più recentiper aiutare gli imprenditori a lanciare e far crescere le loro attività.

Gli incubatori di imprese possono essere una grande risorsa per gli imprenditori che stanno lanciando e facendo crescere le loro attività. Forniscono accesso a risorse, formazione e tutoraggio chepossono aiutare gli imprenditori ad avere successo. Gli incubatori di imprese possono contribuire a creare posti di lavoro e sviluppo economico nella comunità locale.

Concorsi aziendali

Le competizioni aziendali sono eventi che sfidano gli imprenditori a sviluppare soluzioni innovative e creative ai problemi aziendali del mondo reale. I concorsi sono progettati per incoraggiare gli imprenditori a pensare fuori dagli schemi, trovare nuove idee e sviluppare le loro capacità imprenditoriali.

I concorsi aziendali offrono agli imprenditori una piattaforma per mostrare le loro competenze, collaborarecon potenziali investitori e ottenere preziosi feedback dagli esperti. I concorsi offrono anche una grande opportunità per gli imprenditori di ottenere visibilità e riconoscimento per le loro idee imprenditoriali.

Le competizioni commerciali possono aiutare le start-up in una varietà di settori. In primo luogo, forniscono una piattaforma per gli imprenditori per praticare le loro abilità e sviluppare le loro idee di business. I concorsi offrono anche una grande opportunità per gli imprenditori di fare rete con potenziali investitori e ottenere preziosi feedback dagli esperti.

Inoltre, le competizioni aziendali possono fornire alle start-up l'accesso a finanziamenti e risorse. Molti concorsi offrono premi come denaro, tutoraggio e accesso a incubatori e acceleratori. Queste risorse sono inestimabili per le start-up che cercano di fardecollare il loro business.

Le competizioni aziendali possono aiutare le start-up a ottenere riconoscimento ed esposizione. Vincere un concorso è molto bello per far notare la tua attività e attirare potenziali investitori. I concorsi possono anche fornire un'ottima piattaforma per i reneur imprenditori per mostrare le loro capacità e idee a un pubblico più ampio.

Le competizioni aziendali aiutano le start-up a ottenere visibilità, risorse e riconoscimento. I concorsi possono offrire agli imprenditori l'opportunità di mettere in pratica le proprie competenze, fare rete con potenziali investitori e ottenere preziosi feedback dagli esperti. In definitiva, le competizioni aziendali sono ottime per le start-up per far decollare la loro attività.

Microprestiti

I microprestiti sono piccoli prestiti, di solito che vanno da $ 500 a $ 50.000, progettati per aiutareimprenditori e proprietari di piccole imprese ad accedere al capitale per avviare o espandere le loro attività. Questi prestiti sono in genere forniti da organizzazioni senza scopo di lucro, programmi governativi o microistituti di credito specializzati.

I microprestiti sono vantaggiosi per gli imprenditori e i proprietari di piccole imprese perché forniscono accesso a capitali che potrebbero non essere disponibili attraverso i prestiti bancari tradizionali. I microprestiti sono spesso più facili da ottenere rispetto ai prestiti tradizionali e spesso hanno termini di rimborso più flessibili. I microprestiti possono fornire accesso al capitale agli imprenditori che potrebbero non avere il punteggio di credito o le garanzie necessarie per garantire un prestito tradizionale.

I microprestiti possono essere utilizzati per una varietà di scopi, tra cui l'acquisto di attrezzature, l'assunzione di dipendenti, il lancio di una campagna di marketing o l'espansionein nuovi mercati. Questi prestiti possono anche essere utilizzati per coprire i costi di avvio di un'impresa, come le tasse di licenza, le spese legali e lo sviluppo del piano aziendale.

I microprestiti possono essere una buona fonte per imprenditori e proprietari di piccole imprese per accedere al capitale peravviare o espandere le loro attività. Questi prestiti possono fornire accesso a capitali che potrebbero non essere disponibili attraverso i prestiti bancari tradizionali e spesso hanno termini di rimborso più flessibili. I microprestiti possono fornire accesso al capitale agli imprenditori che potrebbero non avere il punteggio di credito o le garanzie necessarie per garantire un prestito tradizionale.

Risparmio personale

I risparmi personali sono una componente chiave di qualsiasi sviluppo aziendale e start-up. Avere un conto di risparmio sano può aiutare gli imprenditori a coprire i costi di avvio di un'impresa, oltre a fornire un cuscino in caso di spese impreviste. I risparmi possono anche essere utilizzati per investire nel business, consentendo agli imprenditori di sfruttare le opportunità che possono sorgere.

Il primo passo nell'utilizzo dei risparmi personali per sviluppare un'aziendaè creare un budget. Questo budget dovrebbe includere tutte le spese necessarie associate all'avvio dell'attività, come affitto, utenze e forniture. Una volta creato il budget, l'imprenditore dovrebbe accantonare una parte del proprioreddito ogni mese da mettere in risparmio. Ciò contribuirà a garantire che ci siano abbastanza soldi disponibili per coprire i costi di avvio dell'attività.

Una volta che l'azienda è attiva e funzionante, l'imprenditore dovrebbe continuare a risparmiare una parte del proprio reddito. Questo denaro viene utilizzato per investire nel business, come l'acquisto di nuove attrezzature o l'assunzione di personale aggiuntivo. Può anche essere utilizzato per coprire spese impreviste, come riparazioni o costi imprevisti

Avere un conto di risparmio sano può anche fornire agli imprenditoril'accesso al capitale. Questo capitale viene utilizzato per espandere il business, consentendo all'imprenditore di sfruttare nuove opportunità. Può anche essere utilizzato come garanzia per i prestiti, consentendo all'imprenditore di accedere a fondi aggiuntivi se necessario.

Avere un conto di risparmio healyour può fornire agli imprenditori tranquillità. Sapere che ci sono soldi accantonati per spese impreviste può aiutare a ridurre lo stress e consentire agli imprenditori di concentrarsi sulla crescita delle loro attività.

I risparmi personali sono una parte essenziale dello sviluppo e dell'avvio della tua attività. Creando un budget e mettendo da parte una parte delle tue entrate ogni mese, puoi assicurarti di avere liquidità sufficiente per far ripartire la tua attività.

Sovvenzioni governative

Le sovvenzioni statali sono una forma diassistenza finanziaria fornita dal governo per aiutare le imprese a svilupparsi. Le sovvenzioni vengono generalmente assegnate alle imprese che dimostrano la necessità di fondi e l'impegno a utilizzarli per lo scopo previsto.

Le sovvenzioni governative sono utilizzate per una varietà di p... tra cui ricerca e sviluppo, investimenti di capitale, marketing e formazione. Le sovvenzioni possono anche essere utilizzate per aiutare le aziende a espandersi in nuovi mercati, assumere personale aggiuntivo o acquistare nuove attrezzature.

Le sovvenzioni governative sono generalmente concesse attraversoun processo competitivo. Le aziende devono presentare una domanda che delinea il loro progetto, l'importo del finanziamento richiesto e come verranno utilizzati i fondi. Le domande vengono quindi esaminate da un gruppo di esperti che valutano il potenziale di successo del progetto. Le

sovvenzioni governative possono fornire alle imprese le risorse finanziarie di cui hanno bisogno per decollare e crescere. Le sovvenzioni possono aiutare le imprese a coprire i costi di ricerca e sviluppo, investimenti di capitale e marketing. Le sovvenzioni possono anche aiutare le aziende a espandersi in nuovi mercati e assumere personale aggiuntivo.

Le sovvenzioni governative sono troppo buone per le imprese per ottenere i finanziamenti di cui hanno bisogno per avere successo. Tuttavia, le imprese devono essere consapevoli del processo di richiesta e dei potenziali rischi associati all'accettazione di fondi governativi. Le imprese dovrebbero anche essere consapevoli degli obblighi di segnalazione associati alle sovvenzioni governative, poiché il mancato rispetto può comportare la revoca dei fondi.

Business Angels

I business angels sono investitori privati che forniscono capitali alle imprese in fase diavviamento in cambio di capitale proprio o di debito convertibile. Sono in genere individui facoltosi che sono alla ricerca di rendimenti più elevati di quelli che possono ottenere dagli investimenti tradizionali. I business angel sono spesso imprenditori stessi e hanno esperienza nel settore incui investono.

I business angels forniscono capitale alle start-up in

cambio di capitale o debito convertibile. Ciò significa che il business angel sarà proprietario di una parte della società e avrà diritto a una parte dei profitti. Ilbusiness angel può anche ricevere un ritorno sul proprio investimento se l'azienda ha successo.

I business angel forniscono più di un semplice capitale. Possono anche fornire consulenza e tutoraggio agli imprenditori in cui investono. Spesso hanno esperienza nel settore in cui stanno investendo e possono fornire preziose informazioni e indicazioni. Possono anche fornire preziose connessioni a potenziali clienti, fornitori e altri investitori.

I business angel possono fornire alle start-up il capitale di cui hanno bisogno per decollare. Ciò è particolarmente utile per le start-up che non sono in grado di ottenere finanziamenti tradizionali. I business angels possono anche fornire preziosi consigli e tutoraggio che possono aiutare gli imprenditori ad avere   successo.

In conclusione, i business angels possono essere una preziosa fontedi capitali e consulenza per le start-up. Possono fornire il capitale necessario per far decollare un'impresa e possono anche fornire preziosi consigli e tutoraggio. I business angels sono una grande risorsa per gli imprenditori che desiderano avviare un'impresa.

Finanziatori online

I prestatori online sono un'ottima opzione per le aziende che desiderano svilupparsi e crescere. Offrono una varietà di servizi e prodotti che possono aiutare le aziende di tutte le dimensioni e fasi di sviluppo. Dalle start-up alle imprese consolidate, gli istituti di credito online possono fornire capitale, consulenza e supporto.

Uno dei principali vantaggi degli istituti di credito online è la loro capacità di fornire un rapido accesso al capitale. Molti istituti di credito online offrono prestiti con tempi di approvazione e finanziamento rapidi, il che è di grande aiuto per le aziende che hanno bisogno di money rapidamente. Gli istituti di credito online offrono spesso termini di rimborso più flessibili rispetto ai prestatori tradizionali, il che può rendere più facile per le aziende gestire il proprio flusso di cassa.

I prestatori online forniscono anche una varietà di servizi e prodotti che possono aiutare le impresea crescere e svilupparsi. Ad esempio, alcuni istituti di credito online offrono carte di credito aziendali, che possono essere utili per costruire credito aziendale e accedere a capitale aggiuntivo. Altri istituti di credito online offrono anticipi in contanti del commerciante, che vengono utilizzati per coprire le spese a breve termine o perl'acquisto dell'inventario.

Gli istituti di credito online possono anche fornire preziosi consigli e supporto alle imprese. Molti istituti di credito online hanno team di esperti in grado di fornire indicazioni su una varietà di argomenti, come marketing, contabilità e finanza. Questa è un'ottima rispostaper le aziende che sono appena agli inizi o hanno bisogno di aiuto per navigare nelle complessità della gestione di un'impresa.

Il prestatore online è una grande risorsa per le aziende che cercano di svilupparsi e crescere. Offrono un rapido accesso al capitale, termini di rimborso flessibili e una varietà di servizi e prodotti che possono aiutare le aziende ad avere successo. Con il giusto prestatore online, le aziende possono accedere alle risorse di cui hanno bisogno per avere successo.

Prestiti peer-to-peer

Il prestito peer-to-peer (P2P) è una forma di finanziamento che consente a privati e imprese di prendere in prestito e prestare denaro senza l'uso di un istituto finanziario tradizionale. È una piattaforma online che collega direttamente mutuatari e prestatori, consentendo loro di negoziare termini e tassi di interesse. Il prestito P2P è diventato sempre più popolare negli ultimi anni, in quanto offre un'alternativa più efficiente, economica e trasparente al finanziamento tradizionale.

Per le imprese, il prestito P2P è un'opzione interessante per il finanziamento. Può fornire accesso al capitale rapidamente e con meno restrizionirispetto ai prestatori tradizionali. I mutuatari possono spesso ottenere finanziamenti in pochi giorni e il processo è in genere molto più semplice rispetto a un prestito bancario. Gli istituti di credito P2P hanno anche in genere tassi di interesse più bassi e termini di rimborso più flessibili rispetto alle banche.

Per le start-up, il prestito P2P è un grande supporto per ottenere il capitale di cui hanno bisogno per far decollare la loro attività. Le start-up hanno spesso difficoltà ad accedere ai finanziamenti tradizionali, in quanto mancano della storia creditizia e delle garanzie che le banche in genere richiedono. I prestatori P2P sono più disposti ad assumere mutuatari più rischiosi e possono fornire il capitale di cui le start-up hanno bisogno per far funzionare le loro attività.

Il prestito P2P può anche essere prezioso per le imprese per diversificare le loro fonti di finanziamento. Utilizzando istituti di credito P2P, le aziende possono accedere al capitale da una varietà di fonti, il che può aiutare a ridurre il rischio complessivo. Gli istituti di credito P2P offrono spesso termini di rimborso più flessibili rispetto ai prestatori tradizionali, il che può aiutare le aziende a gestire il proprio flusso di cassa in modo più efficace.

Linee di credito aziendali

Una linea di credito aziendale è un tipo di prestito che consente alle imprese di prendere in prestito denaro fino a un certo limite. Il denaro viene utilizzato per qualsiasi scopo, come l'acquisto di inventario, il pagamento di spese operative o il finanziamento di un nuovo progetto. A differenza di un prestitoradizionale, una linea di credito non richiede al mutuatario di rimborsare l'intero importo del prestito in una sola volta. Invece, il mutuatario può attingere alla linea di credito secondo necessità e pagare solo interessi sull'importo preso in prestito.

Le linee di credito commerciali aiutano realmente le impresead accedere al capitale di cui hanno bisogno per crescere e svilupparsi. Offrono alle aziende flessibilità e accesso ai fondi quando ne hanno bisogno, senza dover contrarre un grande prestito o aspettare un investitore. Ciò è particolarmente utile per le start-up, che spesso hanno un accesso limitato al capitale.

Le linee di credito aziendali vengono utilizzate per coprire una varietà di spese, tra cui l'acquisto di inventario, il pagamento di spese operative o il finanziamento di un nuovo progetto. Possono anche essere utilizzati per coprire costi imprevisti, come le spese di rappresentanza o le spese di emergenza. Questa flessibilità li rende un'ottima opzione per le aziende che devono essere in grado di accedere rapidamente   ai   fondi.

Le linee di credito aziendali offrono inoltre alle imprese la possibilità di gestire il proprio flusso di cassa in modo più efficace. Avendo access ai fondi quando necessario, le imprese possono evitare di dover contrarre grandi prestiti o aspettare gli investitori. Questo può aiutare le aziende a gestire le loro spese in modo più efficiente e aiutarle a rimanere in   cima   al   loro   flusso   di   cassa.

Le linee di credito aziendali possono aiutare le aziende a costruire il loro punteggio di credito. Effettuando pagamenti regolari sulla linea di credito, le aziende possono dimostrare la loro capacità di gestire il debito in modo responsabile e costruire il loro punteggio di credito. Ciò è vantaggioso per le imprese che cercano di ottenere finanziamenti aggiuntivi nella füture.

Finanziamento delle attrezzature

Il finanziamento delle attrezzature è un tipo di prestito che consente alle aziende di acquistare le attrezzature di cui hanno bisogno per operare e crescere. È una forma di prestito basato su attività, il che significa che il prestito è garantito dall'attrezzatura acquistata. Il finanziamento delle attrezzature può essere utilizzato per acquistare una varietà di articoli, tra cui veicoli, computer, attrezzature di produzione e altro ancora.

Il finanziamento delle attrezzature è un'ottima opzione per le aziende che hanno bisogno di acquistare attrezzature ma non hanno i soldi perfarlo. Può anche essere un'ottima opzione per le start-up, in quanto consente loro di acquisire le attrezzature, di cui hanno bisogno per far funzionare la propria attività senza dover utilizzare il proprio capitale.

Il finanziamento delle attrezzature può aiutare le imprese in diversi modi. In primo luogo, consente alle imprese di acquisire le attrezzature di cui hanno bisogno senza dover utilizzare il proprio capitale. Ciò è particolarmente vantaggioso per le start-up, in quanto consente loro di avviare la propria attività senza dover utilizzare le proprie risorse.

In secondo luogo, il finanziamento delle attrezzature può aiutare le imprese a risparmiare denaro. Poiché il prestito è garantito dall'attrezzatura acquistata, il tasso di interesse è in genere inferiore rispetto ad altri tipi di finanziamento. Questo può aiutare le aziende a risparmiare denaro a lungo termine.

In terzo luogo, il finanziamento delle attrezzaturepuò

aiutare le imprese a risparmiare tempo. Finanziando le attrezzature di cui hanno bisogno, le aziende possono evitare il lungo processo di ricerca e negoziazione con i fornitori. Questo può aiutare le aziende a risparmiare tempo e ottenere rapidamente le attrezzature di cui hanno   bisogno.

Il finanziamento delle attrezzature può aiutare le aziende a mantenere il loro flusso di cassa. Finanziando le attrezzature di cui hanno bisogno, le aziende possono evitare di dover utilizzare il proprio capitale per acquistare le attrezzature. Questo può aiutare le aziende a mantenere il loro flusso di cassa e garantire che abbiano i fondi di cui hanno bisogno per operare e crescere.

Trasferimento dei crediti

Il factoring è un tipo di finanziamento che aiuta le aziende ad accedere al denaro in modo rapido e semplice. È una transazione finanziaria in cui un'azienda vende i propri crediti (fatture) a terzi (chiamati fattori) con uno sconto. Il fattore raccoglie quindi i pagamenti dai clienti e paga all'azienda l'importo scontato. Il factoring è un buon modo per le aziende di accedere al denaro in modo rapido e semplice e può aiutarli a crescere e svilupparsi.

Il factoring può essere particolarmentevantaggioso per le piccole imprese e le start-up. Queste aziende hanno spesso un accesso limitato alle opzioni di finanziamento tradizionali come i prestiti bancari e il factoring può fornire loro la liquidità di cui hanno bisogno per crescere e svilupparsi. Il factoring può anche aiutare le start-up agestire il loro flusso di cassa in modo più efficace, in quanto possono accedere alla liquidità in modo rapido e semplice senza dover aspettare che i clienti paghino le loro fatture. Questo può aiutarli a coprire le loro spese a breve termine e investire in nuove opportunità.

Il factoring può anche aiutarele imprese a ridurre il loro rischio. Vendendo le loro fatture a un fattore, le aziende possono ridurre la loro esposizione ai crediti inesigibili e al rischio di credito. Il fattore si assumerà il rischio di mancato pagamento, il che significa che le aziende non devono preoccuparsi che i clienti non paghino leloro fatture. Questo può aiutare le aziende a gestire le proprie finanze in modo più efficace e ridurre il rischio.

Il factoring è un modo rapido per le aziende di accedere al denaro in modo rapido e semplice e può essere particolarmente vantaggioso per le piccole imprese e le start-up. Può aiutarli a gestire il loro flusso di cassa in modo più efficace, ridurre il rischio e investire in nuove opportunità.

Offerta pubblica iniziale (IPO)

Un'offerta pubblica iniziale (IPO) è il processo attraverso il quale una società privata può diventare una società quotata in borsa offrendo le sue azioni al pubblico. Le IPO sono un modo per un'azienda di raccogliere capitali e aumentare la propria visibilità sul mercato. Attraverso una IPO, una società può anche aumentare la propria liquidità e attirare più investitori.

Le IPO sono una grande opportunità di business per le start-up e le piccole imprese per raccogliere capitali ed espandere le loro operazioni. Diventando pubblica, una società può accedere a un pool più ampio di potenziali investitori, che possono aiutarla a raccogliere più capitali. Diventare pubblica può anche aiutare un'azienda ad aumentare la sua visibilità e credibilità sul mercato, il che può portare a più clienti e opportunità di business.

Le IPO forniscono anche un modo per le aziende di premiare i loro azionisti esistenti. Offrendo azioni al pubblico, una società può fornire ai suoi azionisti esistentil'opportunità di vendere le loro azioni e realizzare un ritorno sul loro investimento. Ciò è particolarmente vantaggioso per i primi investitori che sono stati con la società sin dal suo inizio e hanno aspettato che la società diventasse pubblica.

Le IPO possonoaiutare un'azienda ad attrarre e trattenere i migliori talenti. Diventando pubblica, un'azienda può offrire ai propri dipendenti l'opportunità di acquistare azioni della società, che è un grande incentivo per loro a rimanere con l'azienda. La quotazione in borsa può anche aiutare un'azienda ad attrarre nuovi talenti, in quanto può dimostrare che l'azienda è un'azienda redditizia e di successo.

Un approccio semplificato alle IPO può portare molta visibilità alle start-up e alle piccole imprese per raccogliere capitali ed espandere le loro operazioni. Diventando pubblica, una società può accedere a un pool più ampio di potenziali investitori, aumentare la sua visibilità e credibilità sul mercato, premiare i suoi azionisti esistenti

Private Equity

Il private equity (PE) è una forma di investimento alternativo che comporta l'investimento dicapitale in società o fondi che non sono quotati in borsa. Le società di private equity in genere investono in società che hanno bisogno di capitale per l'espansione, la ristrutturazione o altri scopi. Le società di

private equity forniscono capitale alle società in cambio di partecipazioni azionarie nella società. Ciò significa che la società di private equity sarà proprietaria di una parte della società e avrà voce in capitolo su come viene gestita la società. Le società di private equity forniscono anche competenze gestionali e consulenza alle società in cuiinvestono.

Le società di private equity possono aiutare le imprese in diversi modi. Possono fornire capitale per l'espansione, la ristrutturazione o altri scopi. Possono anche fornire consigli e indicazioni su come gestire al meglio l'azienda. Le società di private equity possono ancheaiutare le imprese a sviluppare strategie per la crescita e la redditività.

Le società di private equity possono anche aiutare le start-up fornendo capitali per aiutarle a decollare. Le start-up hanno spesso bisogno di capitali per avviare la loro attività, ma possono non avere accesso a fonti tradizionali di finanziamento. Le società di private equity possono fornire il capitale necessario per aiutare le start-up a decollare.

Le società di private equity possono anche aiutare le

start-up fornendo consulenza e orientamento su come gestire al meglio l'attività. Le società di private equity possono aiutare le start-up a sviluppare strategie per la crescita e la redditività. Possono anche fornire consigli su come strutturare al meglio l'azienda, ad esempio come strutturare la proprietà e la gestione dell'azienda.

Le società di private equity possono essere una grande fonte di capitale e consulenza per le imprese e le start-up. Possono fornire capitale per l'espansione, la ristrutturazione o altri scopi. Possono anche fornire consigli e indicazioni su come gestire al meglio l'azienda.

Fusioni e acquisizioni

Le fusioni e acquisizioni (M&A) sono un tipo di ristrutturazione aziendale che prevede la combinazione di due o più società in un'unica entità. Questo viene fatto attraverso una fusione, in cui una società viene assorbita in un'altra o un'acquisizione, in cui una società ne acquista un'altra. L'M&A può essere utilizzato per espandere la quota di mercato di un'azienda, diversificare le sue offerte di prodotti o accedere a nuove tecnologie o risorse.

L'M&A è vantaggioso sia per le aziende consolidate che per le start-up. Per le aziende consolidate, l'M&A può fornire accesso a nuovi mercati, tecnologie e risorse, nonché l'opportunità di espandere la propria offerta di prodotti. Per le start-up, M&A può fornire accesso a capitali, risorse e competenze che potrebbero non essere disponibili altrimenti. M&A può fornire una piattaforma per le start-up per gestire rapidamente la loro attività ed espandere la loro base di   clienti.

M&A può anche aiutare le aziende a svilupparsi e
crescere in altri modi. Ad esempio, le fusioni e
acquisizioni possono aiutare le imprese a ridurre i costi
eliminando le operazioni e il personale ridondanti e
possono aiutare le imprese ad aumentare
l'efficienzacombinando le operazioni e semplificando
i processi. L'M&A può aiutare le aziende ad accedere
a nuovi mercati, tecnologie e risorse, nonché
l'opportunità di espandere la propria offerta di
prodotti.

L'M&A è un potente strumento sia per le aziende
affermate che per le start-up. Può fornire accesso a
nuovi mercati, tecnologie e risorse, nonché
l'opportunità di espandere la propria offerta di
prodotti. Le fusioni e acquisizioni possono aiutare le
aziende a ridurre i costi, aumentare l'efficienza e
accedere a nuovi mercati.

Prestiti per l'amministrazione delle piccole imprese

La Small Business Administration (SBA) è
un'agenzia federale che fornisce assistenza alle piccole
imprese negli Stati Uniti. La SBA offre una varietà di
programmi di prestito per aiutare le piccole imprese ad
avviare, crescere e avere successo. Questi prestiti
possono essere utilizzati per una varietà di scopi, tra
cui l'espansione del business, l'acquisto di attrezzature,
il capitale circolante e il rifinanziamento del debito.

I programmi di prestito SBA sono progettati per
aiutare le piccole imprese ad accedere a capitali che

potrebbero non essere disponibili attraverso fonti di finanziamento tradizionali. L'ASB non presta direttamente denaro alle imprese, ma garantisce invece prestiti concessi da istituti di credito partecipanti. Ciò aiuta a ridurre il rischio per i finanziatori e rende più facile per le piccole imprese qualificarsi per il finanziamento.

La SBA offre diversiprogrammi di prestito, tra cui il programma di prestito 7 (a), il programma di prestito 504 e il programma di microprestito. Il programma di prestito 7 (a) è il programma di prestito SBA più popolare e viene utilizzato per una varietà di scopi, tra cui l'espansione aziendale, l'acquisto di attrezzature, il capitale circolante, il rifinanziamento deldebito. Il programma di prestito 504 è progettato per aiutare le piccole imprese ad acquistare beni immobili, come immobili e attrezzature. Il programma di microcredito fornisce piccoli prestiti fino a $ 50.000 per aiutare le piccole imprese ad avviarsi ed espandersi. I programmi   di

prestito SBA offrono una serie di vantaggi alle piccole imprese. I prestiti sono in genere più facili da qualificare rispetto ai prestiti bancari tradizionali e spesso hanno tassi di interesse più bassi e termini di rimborso più lunghi. L'SBA offre anche consulenza e formazione gratuite per i proprietari di piccole imprese che comprendono il processo di prestito e gestiscono le loro attività.

Debito convertibile

Il debito convertibile è un tipo di prestito che può essere convertito in capitale proprio in un secondo momento. È una forma popolare di finanziamento per start-up e altre imprese che hanno bisogno di capitale ma non hanno le attività o la storia creditizia per qualificarsi per i prestiti bancari tradizionali. Il debito convertibile è interessante per gli investitori perché offre loro il potenziale per un maggiore ritorno sul loro investimento.

Il debito convertibile è un ottimo modo per le aziende di ottenere il capitale di cui hanno bisogno per crescere e svilupparsi. Può fornire i fondi necessari per sviluppare nuovi prodotti, assumere nuovi dipendenti ed espandere le operazioni. Consente inoltre alle imprese di evitare gli alti tassi di interesse associati ai prestiti   tradizionali.

Il debito convertibile può anche essere vantaggioso per le start-up perché consente loro di raccogliere capitali senza rinunciare aqualsiasi capitale nella loro azienda. Ciò è particolarmente interessante per gli imprenditori che vogliono mantenere il controllo delle loro attività.

Il debito convertibile può anche essere utilizzato per colmare il divario tra il finanziamento di avviamento e un round di finanziamento di serie A. Ciò è particolarmente utile per le start-up che hanno bisogno di capitale aggiuntivo per raggiungere il prossimo livello   di   crescita.

Il debito convertibile può essere un modo sicuro per le imprese di ottenere il capitale di cui hanno bisogno per crescere e svilupparsi. Viene utilizzato per colmare il divario tra il finanziamento di avviamento e un round di finanziamento A di Series A.

Finanziamento basato sui ricavi

- Il finanziamento basato sulle entrate (RBF) è un tipo di finanziamento che consente alle aziende di prendere in prestito denaro in base alle loro entrate attuali e future. L'RBF è un'alternativa al tradizionale finanziamento del debito e al finanziamento azionarioed è spesso utilizzato dalle imprese che non sono in grado di accedere ai finanziamenti tradizionali. RBF può essere un'ottima opzione per le aziende che hanno bisogno di capitale rapidamente e non vogliono assumersi il rischio del finanziamento azionario.

- RBF è una forma di finanziamento del debito che si basa sulle entrate attuali e future di un'azienda. A differenza del finanziamento del debito tradizionale, RBF non richiede garanzie o un punteggio di credito. Invece, il prestatore esamina le entrate e il flusso di cassa della società per determinare la quantità di denaro che sono disposti a prestare. Ilprestatore esaminerà anche il potenziale di crescita dell'azienda e la storia finanziaria per determinare i termini di rimborso.

- RBF è un'ottima opzione per le aziende che hanno bisogno di capitale rapidamente e non vogliono assumersi il rischio di finanziamento azionario. RBF è in grado di fornire alle impreseil capitale di cui hanno bisogno per crescere ed espandersi senza dover rinunciare ad alcuna proprietà o controllo dell'azienda. RBF viene utilizzato per finanziare progetti o investimenti a breve termine, come campagne di marketing o lanci di nuovi prodotti.

- RBF è un'ottima opzione per le aziende che sono appena agli inizi. Può fornire alle aziende il capitale di cui hanno bisogno per decollare senza dover rinunciare a qualsiasi proprietà o controllo dell'azienda. I meccanismi possono essere utilizzati per finanziare progetti o investimenti a breve termine, come **campagne di marcatura** o lanci di nuovi prodotti.

Collocamento privato

I collocamenti privati sono una forma di finanziamento che prevede la vendita di titoli a un numero limitato di investitori, di solito senza la necessità di registrazione presso la Securities and Exchange Commission (SEC). I collocamenti privati sono spesso utilizzati dalle aziende per raccogliere capitali per lo sviluppo e l'espansione del business.

I collocamenti privati possono essere utili per le start-up e le piccole imprese per raccogliere capitali in modo rapido ed efficiente. Possono essere utilizzati per finanziare nuoviprogetti, espandere le operazioni esistenti o acquisire altre imprese. I collocamenti privati sono anche interessanti per gli investitori perché in genere offrono rendimenti più elevati rispetto ad altre forme di finanziamento.

I collocamenti privati sono generalmente offerti agli investitori accreditati, che sono individui o entità che soddisfano determinate soglie finanziarie. Questi investitori devono essere in grado di dimostrare di disporre delle risorse finanziarie e delle conoscenze per comprendere i rischi associati all'investimento.

I collocamenti privati sono strutturatiin vari modi, tra cui debito, capitale proprio o una combinazione di entrambi. Le aziende possono anche offrire diversi tipi di titoli, come azioni ordinarie, azioni privilegiate o debito   convertibile.

I collocamenti privati possono fornire alle start-up e alle piccole impresel'accesso a capitali che potrebbero non essere disponibili attraverso le fonti di finanziamento tradizionali. Offrono inoltre agli investitori l'opportunità di investire in una società in una fase iniziale e potenzialmente di realizzare rendimenti più elevati rispetto a quelli che avrebbero con   altri   investitori.

I collocamenti privati possono anche essere utilizzati per raccogliere capitali per progetti o iniziative

specifici, come ricerca e sviluppo, marketing o
acquisizioni. Le società possono anche utilizzare i
collocamenti privati per ristrutturare il loro debito o la
struttura   del   capitale   azionario.

I collocamenti privati sono sostenuti per le start-up e
le piccole imprese per raccogliere capitali in modo
rapido ed efficiente. Possono anche offrire agli
investitori l'opportunità di investire in una società

Prestiti basati su attività

- Il prestito basato su attività (ABL) è un
  tipo di finanziamento che utilizza le
  attività di un'azienda come garanzia per
  un prestito. È una forma popolare di
  finanziamento per le imprese che hanno
  bisogno di un rapido accesso al capitale e
  non hanno accesso alle fonti tradizionali
  di finanziamento. ABL viene utilizzato
  per finanziare una vasta gamma di attività
  commerciali, tra cui capitale circolante,
  espansione, acquisizioni e altro ancora.

- ABL può essere utilizzato per finanziare
  una vasta gamma di attività commerciali,
  tra cui capitale circolante, espansione,
  acquisizioni e altro ancora. L'ABL è
  un'opzione interessante per le aziende che
  hanno difficoltà a ottenere finanziamenti
  tradizionali. È una forma flessibile di
  finanziamento che può essere adattata per
  soddisfare le esigenze dell'azienda. ABL

può fornire alle aziende i fondi di cui hanno bisogno per crescere.

- ABL è una grande opzione per le start-up e le piccole imprese chenon hanno bisogno di capitali per decollare. ABL può fornire i fondi necessari per acquistare attrezzature, assumere personale e acquistare inventario. Viene utilizzato per finanziare l'espansione e le acquisizioni.

- L'ABL è utilizzato anche per finanziare fusioni e acquisizioni e per fornire il capitale necessario per finanziarel'acquisto di un'altra società o per finanziare la fusione di due società. Esso serve a finanziare ristrutturazioni e turnaround per fornire il capitale necessario per ristrutturare un'impresa e renderla più redditizia. Il prestito basato su attività è un'ottima opzione per le aziende che hanno bisogno di un rapido accesso al capitale.

Leasing

Il leasing è una forma di finanziamento che consente alle aziende di acquisire beni senza dover pagare l'intero prezzo di acquisto in anticipo. È un'opzione popolare per le aziende di tutte le dimensioni, dallestart-up alle grandi aziende, in quanto fornisce loro l'accesso alle attrezzature, di cui hanno bisogno per operare senza dover spendere una grande quantità di capitale.

Il leasing può avere un impatto significativo sulla crescita aziendale e sul successo delle start-up. Consentendo alle imprese di acquisire beni senza dover pagare l'intero prezzo di acquisto in anticipo, il leasing fornisce loro il capitale necessario per investire in altri settori della loro attività, come il marketing, la ricerca e lo sviluppo e l'assunzione di dipendenti aggiuntivi. Questo può aiutare le aziende a crescere ed espandersi, oltre ad aumentare le loro possibilità di successo.

Il leasing offre inoltre alle aziende una maggiore flessibilità rispetto alle opzioni di finanziamento tradizionali. Ad esempio, le aziende possono scegliere la durata del contratto di locazione, i termini di pagamento e iltipo di attività che stanno affittando. Ciò consente alle aziende di adattare il loro contratto di leasing alle loro esigenze e al loro budget specifici.

Il leasing può aiutare le aziende a gestire il loro flusso di cassa. Distribuendo il costo del bene per la durata del leasing, le impresepossono evitare di dover pagare una grande somma di denaro in anticipo. Questo può aiutare le aziende a gestire il loro flusso di cassa e garantire che abbiano abbastanza soldi per coprire le altre spese.

Il leasing è un'ottima opzione per le imprese di tutte le dimensioni, dalle start-up alle grandiaziende. Può fornire alle aziende il capitale di cui hanno bisogno per investire in altre aree della loro attività, nonché una maggiore flessibilità e una migliore gestione del flusso di cassa. Approfittando del leasing, le aziende possono aumentare le loro possibilità di successo e contribuire a garantire la loro crescita e successo a lungo termine.

Credito commerciale

Il credito commerciale è una forma di finanziamento che consente alle imprese di acquistare beni o servizi senza doverli pagare immediatamente. Si tratta di un tipo di finanziamento a breve termine che viene esteso adun'attività commerciale dai suoi fornitori o venditori. Il fornitore o il venditore accetta di fornire beni o servizi all'azienda e consente all'azienda di pagarli in un secondo momento. Questo tipo di finanziamento viene spesso utilizzato dalle imprese per acquistare inventario, coprirei costi operativi o finanziare iniziative di crescita.

Il credito commerciale è un'importante fonte di finanziamento per le imprese, in particolare per le start-up e le piccole imprese. Può fornire accesso a capitali che potrebbero non essere disponibili da fonti tradizionali, come banche o investitori. Il credito commerciale può anche aiutare le aziende a gestire il loro flusso di cassa consentendo loro di acquistare beni e servizi senza doverli pagare immediatamente. Ciò è particolarmente vantaggioso per le imprese che stanno vivendo fluttuazioni stagionali nelle saleo hanno un accesso limitato ad altre forme di finanziamento.

Il credito commerciale può anche aiutare le imprese a crescere ed espandersi. Consentendo alle imprese di acquistare beni e servizi senza doverli pagare immediatamente, il credito commerciale può aiutare le imprese ad acquistare prodotti innovativio investire in nuove attrezzature che possono aiutarli ad aumentare la produzione e le vendite. Ciò può aiutare le aziende ad aumentare i loro ricavi e profitti, il che può portare a un'ulteriore crescita ed espansione.

Il credito commerciale può anche essere vantaggioso per le start-up. Le start-up hanno spesso un accesso limitato al capitale e potrebbero non essere in grado di ottenere finanziamenti da fonti tradizionali. Il credito commerciale può fornire una fonte di finanziamento che può aiutare le start-up ad acquistare scorte e investire in nuove attrezzature, che possono aiutarle afar decollare le loro attività.

Il credito commerciale è un'importante fonte di finanziamento per le imprese, in particolare per le start-up e le piccole imprese.

Finanziamento dei fornitori

Il finanziamento dei fornitori è un tipo di finanziamento in cui il fornitore finanzia l'azienda per acquistare benio servizi dal fornitore. Questo tipo di finanziamento è vantaggioso per le imprese che hanno bisogno di acquistare beni o servizi ma non hanno i fondi necessari per farlo. Può anche essere vantaggioso per le start-up, in quanto può aiutarli ad acquisire i beni o i servizi necessari per far decollare la loro attività.

Il finanziamento dei fornitori può avere un impatto positivo sulla crescita aziendale e sul successo delle start-up. Fornendo accesso a beni e servizi che altrimenti potrebbero essere fuori portata, il finanziamento dei fornitori può aiutare le imprese ad espandere le loro operazioni e ad aumentare le loro entrate. Ciò è particolarmente vantaggioso per le start-up, in quanto può aiutarle ad acquisire le risorse necessarie per far decollare la loro attività. Il finanziamento dei fornitori può aiutare le imprese a gestire il loro flusso di denaro in modo più efficace, in quanto possono acquistare beni e servizi a credito e poi pagarli nel tempo. Questo può aiutare le aziende a gestire meglio le proprie finanze e garantire che abbiano i fondi necessari per coprire le loro spese.

Oltre ad aiutare le imprese ad acquisire le risorse necessarie per crescere, il finanziamento dei fornitori può anche contribuire a ridurre il rischio associato all'acqusto di beni o servizi. Consentendo alle imprese di acquistare beni e servizi a credito, il finanziamento dei fornitori può contribuire aridurre il rischio di non essere in grado di pagare beni o servizi già acquistati. Questo può aiutare le aziende a evitare perdite finanziarie dovute al mancato pagamento e può aiutarle a gestire meglio le proprie finanze.

Il finanziamento dei fornitori è uno strumento vantaggioso per le imprese e le start-up. Può aiutare le aziende ad acquisire le risorse necessarie per crescere e può aiutare le start-up a far decollare la propria attività. Può aiutare le aziende a gestire meglio il loro flusso di cassa e ridurre il rischio associato

Nota:

Il credito commerciale è un prestito a breve termine concesso a un cliente da un fornitore, che consente al cliente di acquistare beni o servizi e pagarli in un secondo momento.

Il finanziamento dei fornitori è un tipo di accordo di finanziamento in cui un fornitore fornisce un prestito a uncliente per contribuire a finanziare l'acquisto di beni o servizi. Il fornitore può richiedere al cliente di effettuare pagamenti regolari o può richiedere al cliente di pagare l'intero importo del prestito alla fine del contratto. Il fornitore può anche esigere dal cliente garanzie reali o una garanzia personale.

Finanziamento delle esportazioni

Il finanziamento delle esportazioni è un tipo di finanziamento che aiuta le imprese e le start-up a finanziare le loro attività di esportazione. È una forma di credito che aiuta le imprese a coprire i costi associati all'esportazione di beni e servizi, come il trasporto, l'assicurazione e i dazi doganali. Il finanziamento delle esportazioni viene utilizzato per coprire i costi di produzione, commercializzazione e altre attività legate all'esportazione.

Il finanziamento delle esportazioni può avere un impatto significativo sulla crescita delle imprese e sui progressi dell'impresa. Uno dei principali vantaggi del finanziamento delle esportazioni è che fornisce alle imprese l'accesso a capitali a cui potrebbero non essere in grado di accedere attraverso i metodi di finanziamento tradizionali. Ciò è particolarmente vantaggioso per le start-up, in quanto spesso non hanno lastoria commerciale o creditizia per qualificarsi per il finanziamento tradizionale. Il finanziamento delle esportazioni può anche aiutare le imprese ad espandere le loro operazioni e raggiungere nuovi mercati, il che può portare a un aumento delle vendite e dei profitti.

Il finanziamento delle esportazioni può anche aiutare le imprese a gestire più efficacemente il flusso dicassa. Fornendo alle imprese l'accesso al capitale, il finanziamento delle esportazioni può aiutare le imprese a coprire le loro spese e pagare beni e servizi in modo tempestivo. Ciò può aiutare le aziende a evitare costosi ritardi nella produzione o nella consegna, che possono avere un impatto negativo sui loro profitti.

Fornendo alle imprese l'accesso al capitale, il finanziamento delle esportazioni può aiutare le imprese a costruire relazioni con gli acquirenti stranieri, il che può portare a un aumento delle vendite e dei profitti.

Joint Venture

Una joint venture (JV) è un accordo commerciale in cui due o più parti concordano di unire le loro risorse al fine di raggiungere un obiettivo specifico. Le joint venture sono spesso utilizzate dalle aziende per espandere le loro operazioni, entrare in nuovi mercati e accedere a nuove tecnologie. Possono anche essere utilizzati dalle start-up per accedere a capitali, risorse e competenze che altrimenti non sarebbero disponibili.

Le joint venture offrono una serie di vantaggi per le imprese e le start-up. Combinando le risorse, le aziende possono ridurre i costi e i rischi associati all'ingresso in nuovi mercati o al lancio di nuovi prodotti. Possono anche accedere a nuove tecnologie e competenze che altrimenti non sarebbero disponibili.

Le joint venture possono fornire alle start-up una piattaforma per testare e convalidare i loro prodotti e servizi   sul   mercato.

Inoltre, le joint venture possono fornire alle aziende una piattaforma per collaborare e innovare, il che può portare a una maggiore efficienza e produttività.

Partenariati strategici

I partenariati strategici sono unostrumento importante per la crescita e il successo delle imprese di tutte le dimensioni. Le partnership strategiche consentono alle aziende di sfruttare le risorse, le competenze e le reti di altre organizzazioni per creare nuove opportunità e aumentare il loro vantaggio competitivo. Le relazioni strategichepossono essere formate tra due o più imprese, tra un'impresa e un'agenzia governativa o tra un'azienda e un'istituzione educativa. Le partnership strategiche possono aiutare le aziende ad espandere la propria base di clienti, aumentare la propria quota di mercato e sviluppare nuovi prodotti e servizi. Possono anche aiutare le start-up ad accedere a capitali, risorse e competenze per avviare la propria attività.

Una partnership strategica è un accordo formale tra due o più organizzazioni per lavorare insieme per raggiungere un obiettivo comune. Le partnership strategiche si formano quando due o più organizzazioni hanno punti di forza e risorse complementari che possono essere sfruttati per creare un   vantaggio   competitivo.

Le partnership strategiche possono aiutare le aziende ad espandere la propria base di clienti e aumentare la propria quota di mercato. Sfruttando le risorse e le reti di altre organizzazioni, le aziende possono raggiungere nuovi clienti e mercati che potrebbero non essere stati in grado di raggiungere da soli.

I partenariati strategici possono fornire alle imprese l'accesso a risorse, quali capitale, tecnologia e competenze, a cui potrebbero non aver avuto accesso da sole. Ciò è particolarmente vantaggioso per le start-up, che spesso non hanno le risorse per avviare la propria attività.

Le partnership strategiche possono fornire una serie di vantaggialle imprese di tutte le dimensioni. Questi vantaggi includono:

- **Accesso a nuove risorse**: le partnership strategiche forniscono l'accesso a nuove risorse come tecnologia, capitale e competenze che possono aiutare un'azienda a crescere.

- **Maggiore portata del mercato**: le partnership strategiche aiutanoun'azienda ad espandere la propria portata in nuovi mercati e segmenti di clientela.

- **Risparmi sui costi**: le partnership strategiche possono aiutare un'azienda a ridurre i costi condividendo le risorse e sfruttando le economie di scala.

- **Mitigazione del rischio**: i partenariati strategici possono aiutare un'aziendaa ridurre il rischio condividendo l'onere del rischio e distribuendolo tra più partner.

- **Maggiore efficienza: le** partnership strategiche possono aiutare un'azienda a diventare più efficiente condividendo le risorse e sfruttando i reciproci punti di forza.

- **Maggiore innovazione**: le partnership strategiche possono aiutare un'azienda a diventare più innovativa combinando idee e risorse di partner diversi.

- **Migliore riconoscimento del marchio**: le partnership strategiche possono aiutare un'azienda ad aumentare il riconoscimento del marchio sfruttando il marchio del partner.

- **Accesso ai** talenti: le partnership strategiche possono aiutare un'azienda ad accedere a nuovi talenti e competenze che possono aiutarla a crescere.

- **Maggiore fedeltà dei clienti**: le partnership strategiche possono aiutare un'azienda ad aumentare la fedeltà dei clienti fornendo ai clienti unservizio migliore e più valore.

- **Miglioramento della competitività**: le partnership strategiche possono aiutare un'azienda a diventare più competitiva sfruttando i punti di forza e le risorse del partner.

Banche d'investimento

Una banca d'investimento è un'istituzione finanziaria che fornisce una gamma di servizi a imprese, governi e privati. Le banche di investimento sono specializzate nella sottoscrizione e nell'emissione di titoli, nella fornitura di consulenza su fusioni e acquisizioni e nella fornitura di altri servizi finanziari. Le banche d'investimento svolgono un ruolo fondamentale nell'economia fornendo capitale alle imprese e aiutandole a crescere. Forniscono inoltre consulenza e orientamento alle start-up e ad altre imprese che desiderano   espandersi.

Le banche d'investimento svolgono un ruolo chiave nella crescita delle imprese. Essi forniscono capitali alle impresesotto forma di debito e di finanziamento azionario. Questo capitale viene utilizzato per finanziare l'espansione, la ricerca e lo sviluppo e le acquisizioni. Le banche d'investimento forniscono inoltre consulenza e orientamento alle imprese su come utilizzare al meglio il loro capitale e su come strutturare le lorofinanze. Questo consiglio è prezioso per aiutare le aziende a crescere e avere successo.

Le banche d'investimento forniscono anche consulenza su fusioni e acquisizioni. Possono aiutare le aziende a identificare potenziali obiettivi di acquisizione e fornire consigli su come strutturare l'affare. Ciò è vantaggioso per le aziende che desiderano espandere le proprie operazioni o entrare in nuovi mercati.

Anche le banche d'investimento possono svolgere un ruolo chiave nell'aiutare le start-up a crescere e avere successo. Possono fornire capitali alle start-up sotto forma di capitale di rischio odi finanziamento del debito. Questo capitale viene utilizzato per finanziare ricerca e sviluppo, marketing e altre attività. Le banche d'investimento possono anche fornire consulenza e orientamento su come strutturare l'attività e su come utilizzare al meglio il capitale. Questo consiglio è inestimabile per le start-up che cercano di crescere e avere successo.

Le banche d'investimento svolgono un ruolo fondamentale nell'economia fornendo capitale alle imprese e aiutandole a crescere.

Cooperative di credito

Le cooperative di credito sono un tipo di istituto finanziario che fornisce servizi bancari apersone che condividono un legame comune, come un luogo di lavoro o una comunità. Le cooperative di credito sono organizzazioni senza scopo di lucro di proprietà e gestite dai loro membri. Offrono una varietà di servizi, tra cui conti di risparmio, conti correnti, prestitie altri servizi finanziari.

Le cooperative di credito hanno una lunga storia di fornitura di servizi finanziari ai loro membri e sono diventate sempre più popolari negli ultimi anni come alternativa alle banche tradizionali. Le cooperative di credito offrono molti vantaggi ai membrieredi, tra cui commissioni più basse, tassi di interesse più bassi e un servizio più personalizzato.

Le cooperative di credito hanno un impatto positivo sulla crescita del business e sulle start-up. Le cooperative di credito forniscono alle imprese l'accesso al capitale, che viene utilizzato per finanziare nuovi progetti, assumerenuovi dipendenti e acquistare attrezzature. Le cooperative di credito offrono anche tassi di interesse più bassi sui prestiti rispetto alle banche tradizionali, rendendo più facile per le imprese accedere al capitale di cui hanno bisogno per crescere.

Le cooperative di credito forniscono anche accesso all'educazione finanziaria e unservizio ai loro membri, il che è vantaggioso per le imprese. Le cooperative di credito offrono spesso seminari e workshop su argomenti quali budgeting, gestione del credito e pianificazione aziendale. Questo può aiutare le aziende a prendere decisioni più informate sulle loro finanze e puòaiutarle a fare un uso migliore delle loro risorse.

Le cooperative di credito forniscono anche un senso di comunità e supporto ai loro membri. Le cooperative di credito ospitano spesso eventi e attività che riuniscono i membri e forniscono un senso di cameratismo. Ciò èvantaggioso per le imprese, in quanto può contribuire a promuovere le relazioni tra i membri e creare una rete di potenziali clienti e partner.

Le cooperative di credito hanno un impatto positivo sulla crescita del business e sulle start-up. Forniscono accesso al capitale.

Istituzioni finanziarie per lo sviluppo della comunità

Le istituzioni finanziarie per lo sviluppo della comunità (CDFI) sono istituzioni finanziarie specializzate che forniscono accesso al capitale e ai servizi finanziari alle popolazioni e alle comunità sottoservite. I CDFI sono in genere organizzazioni senza scopodi lucro certificate dal Dipartimento del Tesoro degli Stati Uniti. Forniscono capitale a piccole imprese, imprenditori e comunità a basso reddito che potrebbero non avere accesso ai servizi bancari tradizionali. I CDFI sono diventati sempre più importanti nel fornireaccesso al capitale e ai servizi finanziari alle popolazioni e alle comunità svantaggiate.

I CDFI forniscono accesso al capitale e ai servizi finanziari agli imprenditori, alle piccole imprese e alle comunità a basso reddito che potrebbero non avere accesso ai servizi bancari tradizionali. Questo accesso al capitale e ai servizi finanziari può aiutare le aziende a crescere ed espandersi. I CDFI forniscono anche assistenza tecnica e formazione aziendale per aiutare gli imprenditori e le piccole imprese ad avere successo. Questa assistenza può aiutare le imprese a sviluppare e attuarepiani aziendali efficaci, accedere al capitale e gestire le proprie finanze.

Le start-up e le piccole imprese spesso non hanno accesso ai servizi bancari tradizionali e al capitale. I CDFI possono fornire accesso al capitale per aiutare le start-up e le piccole imprese a decollare ecrescere. Questo accesso al capitale può aiutare le aziende ad espandersi, assumere più dipendenti e aumentare le loro entrate.

Finanziamento mezzanino

Il finanziamento mezzanino è una forma di capitale che viene utilizzata per finanziare la crescita aziendale e le start-up. È un ibrido di finanziamento del debito e del capitale proprio e viene tipicamente utilizzato quando il finanziamento del debito tradizionale non è disponibile o non è sufficiente. Il finanziamento mezzanino è unaforma di finanziamento popolare per start-up e piccole imprese perché è relativamente facile da ottenere e offre condizioni flessibili.

Il finanziamento mezzanino è tipicamente strutturato come un prestito con un tasso di interesse più elevato rispetto a un prestito tradizionale. Il prestito è garantito dalle attività della società, ma il creditore riceve anche una partecipazione azionaria nella società. Questa partecipazione azionaria conferisce al prestatore un maggiore livello di controllo sulle operazioni della società. La partecipazione azionaria fornisce inoltre al prestatore il potenziale per una maggiore rotazionedel proprio investimento in caso di successo della società.

Il finanziamento mezzanino è un'opportunità per finanziare la crescita aziendale e le start-up. Fornisce all'azienda il capitale di cui ha bisogno per espandersi e crescere, fornendo anche al prestatore il potenziale perun maggiore ritorno sul loro investimento. La flessibilità dei termini e la possibilità di ottenere rapidamente finanziamenti lo rendono un'opzione interessante per molte aziende.

Il finanziamento mezzanino può anche essere vantaggioso per le start-up. Può fornire il capitale necessarioper avviare un'impresa e la partecipazione azionaria offre al prestatore un maggiore livello di controllo sulle operazioni della società. Ciò è vantaggioso per le start-up perché può fornire al prestatore la certezza che l'azienda viene gestita correttamente.

Il finanziamento Mezzanine è un processo meraviglioso per finanziare la crescita del business e le start-up. Fornisce all'azienda il capitale di cui ha bisogno per espandersi e crescere.

Finanziamento delle royalty

Il finanziamento delle royalty è una forma di investimento di capitale che consente a un'impresa di ricevercapitale aggiuntivo dagli investitori in cambio di una percentuale delle vendite future. Questo tipo di finanziamento è vantaggioso sia per l'impresa che per l'investitore, in quanto fornisce all'impresa il capitale di cui ha bisogno per crescere e all'investitore un ritorno sul proprio investimento.

Il finanziamento delle royalty è un'ottima opzione per le start-up e le piccole imprese che hanno bisogno di capitale ma non hanno le risorse finanziarie per garantire finanziamenti tradizionali. Permette loro di ricevere capitale iniziale senza dover rinunciare al capitale proprio o assumere debiti aggiuntivi. Questo tipo di finanziamento consente inoltre all'azienda di mantenere il controllo sulla propria attività, in quanto non sono tenuti a cedere alcuna proprietà o controllo all'investitore.

Il finanziamento delle royalty può anche essere vantaggioso per gli investitori, in quanto fornisce loroun flusso costante di reddito. L'investitore riceve una percentuale delle vendite dell'azienda, che è una grande fonte di reddito passivo. Questo tipo di finanziamento consente inoltre agli investitori di diversificare il proprio portafoglio, in quanto possono investire in più società e ottenereun ritorno sul loro investimento senza dover assumere rischi aggiuntivi.

L'impatto del finanziamento delle royalty sulla crescita delle imprese e sulle start-up è significativo. Fornendo alle aziende il capitale, devono crescere. Il finanziamento delle royalty può aiutarli a espandere le loro operazioni e aumentare le loro entrate. Ciò può portare a maggiori profitti e una maggiore quota di mercato, che può aiutare l'azienda a diventare più competitiva nel suo settore.

Per le start-up, il finanziamento delle royalty può fornire il capitale di cui hanno bisogno per fardecollare la loro attività. Può aiutarli a lanciare il loro prodotto o servizio e portarlo sul mercato più velocemente, consentendo loro di iniziare a generare entrate prima. Questo può dare loro un vantaggio competitivo

Social Impact Bond

I Social Impact Bonds (SIB) sono una nuova forma difinanziamento che è emersa negli ultimi anni come un modo per finanziare programmi sociali. Sono un tipo di partenariato pubblico-privato che consente agli investitori privati di finanziare programmi sociali in cambio di un ritorno sul loro investimento se il programma ha successo. I SIB sono progettati per aiutare i governi e le organizzazioni non profit a finanziare programmi sociali innovativi che hanno il potenziale per migliorare la vita dei cittadini e delle comunità.

L'idea alla base dei SIB è che gli investitori privati forniscano il capitale iniziale per finanziare un programma socialee quindi ricevano un ritorno sul loro investimento se il programma ha successo. Questo ritorno si basa sui risultati del programma, come la riduzione dei tassi di criminalità o il miglioramento dei risultati educativi. Se il programma ha successo, il governo o l'organizzazione senza scopo di lucro rimborsa gli investitori con un ritorno sul loro investimento.

I SIB hanno il potenziale per essere un potente strumento per i governi e le organizzazioni non profit per finanziare programmi sociali innovativi. Possono essere utilizzati per finanziare programmi che potrebbero non essere ammissibili ai finanziamenti governativi tradizionali, come i programmi incentrati sul miglioramento dei risultati educativi. Forniscono inoltre un incentivo per gli investitori privati a finanziare programmi che potrebbero non essere attraenti per gli investitori tradizionali.

I SIB hanno il potenziale per essere un potente obiettivo per la crescita del business e le start-up. Fornendo una fonte di capitale per programmi sociali innovativi, i SIB possono aiutare le start-up e le piccole imprese ad accedere al capitale di cui hanno bisogno per crescere e avere successo. I SIB possono anche fornire un incentivo per gli investitori a investire nelle start-up e nelle piccole imprese, in quanto possono ricevere un ritorno sul loro investimento se il programma ha successo.

Sponsorizzazioni aziendali

Le sponsorizzazioni aziendali sono un modo sempre più popolare per le aziende di ottenere visibilità e riconoscimento nel marketplace. Una sponsorizzazione aziendale è un accordo tra un'azienda e un'organizzazione o un individuo, in cui l'azienda fornisce supporto finanziario o di altro tipo in cambio dell'approvazione da parte dell'organizzazione o dell'individuo dei prodotti o servizi dell'azienda. Le sponsorizzazioni aziendali possono variare da piccoli eventi locali a grandi campagne nazionali.

Il vantaggio principale delle sponsorizzazioni aziendali è una maggiore visibilità e riconoscimento del marchio. Sponsorizzando un evento o un'organizzazione, le aziende possono raggiungere un ampio pubblicoe creare un'immagine positiva per il loro marchio. Ciò può portare a un aumento delle vendite e della fedeltà dei clienti. Inoltre, le sponsorizzazioni aziendali possono aiutare a costruire relazioni con clienti, partner e altre parti interessate.

Le sponsorizzazioni aziendali possono anche avereun impatto positivo sulla crescita del business e sulle start-up. Sponsorizzando un evento o un'organizzazione, le aziende possono accedere a nuovi clienti e potenziali partner. Ciò può portare a un aumento delle vendite e delle entrate, nonché a un aumento della quota di mercato. Le società possonocontribuire a costruire relazioni con potenziali investitori e partner, il che può portare a maggiori finanziamenti e risorse.

Le sponsorizzazioni aziendali possono contribuire a creare un'immagine pubblica positiva per le imprese. Sponsorizzando un evento o un'organizzazione, i cittadinipossono dimostrare il loro impegno nei confronti della comunità e la loro volontà di sostenere cause importanti per i loro clienti. Questo può aiutare a costruire la fiducia e la lealtà tra i clienti, che può portare ad un aumento delle vendite e della fedeltà dei clienti.

In conclusione, le sponsorizzazioni aziendali possono avere un impatto positivo sulla crescita del business e sulle start-up. Fornendo supporto finanziario o di altro tipo in cambio dell'approvazione da parte dell'organizzazione o dell'individuo dei prodotti o servizi dell'azienda, le aziende possono ottenere maggiore visibilità, riconoscimento del marchio e accesso a nuovi clienti.

Piattaforme di raccolta fondi online

Le piattaforme di raccolta fondi online sono diventate sempre più popolari negli ultimi anni, in quanto forniscono un modo semplice ed efficiente per imprenditori e aziende di raccogliere fondi per i loro progetti. Le piattaforme di raccolta fondi online consentono agli imprenditori e alle aziende di raggiungere un pubblico più ampio e di raccogliere più denaro rispetto ai metodi di raccolta fondi tradizionali.

Le piattaforme di raccolta fondi online hanno avuto un impatto significativo sullacrescita delle imprese. Queste piattaforme consentono alle aziende di raggiungere un pubblico più ampio rispetto ai metodi di raccolta fondi tradizionali, il che può comportare la raccolta di più denaro. Le piattaforme di raccolta fondi online sono spesso più convenienti rispetto ai metodi tradizionali, in quanto richiedono moltotempo e sforzi per essere configurate e gestite. Ciò può comportare che le aziende siano in grado di risparmiare denaro e investirlo in altre aree della loro attività.

Inoltre, le piattaforme di raccolta fondi online possono aiutare le aziende a costruire relazioni con i loro donatori. Queste piattaforme consentono alle aziende di comunicare con i loro donatori e fornire loro aggiornamenti sui loro progressi. Ciò può aiutare a creare fiducia tra l'azienda e i suoi donatori, il che può comportare più donazioni in futuro.

Le piattaforme di raccolta fondi onlinesono spesso più convenienti rispetto ai metodi tradizionali, in quanto richiedono meno tempo e sforzi per la configurazione e la gestione. Questo può aiutare le start-up a risparmiare denaro e investirlo in altre aree della loro attività.

Organizzazioni imprenditoriali locali

Le organizzazioni imprenditoriali localisono organizzazioni formate da imprese e imprenditori locali per promuovere la crescita delle imprese nella loro area locale. Queste organizzazioni possono fornire una varietà di servizi e risorse per aiutare le aziende a crescere e avere successo. Possono fornire assistenzaa finanziamenti, tutoraggio, opportunità di networking, consulenza aziendale, risorse e altro ancora.

L'impatto delle organizzazioni imprenditoriali locali sulla crescita del business e sulle start-up è significativo. Queste organizzazioni forniscono alle imprese una piattaforma per connettersi e collaboraretra loro, il che può portare a una maggiore innovazione e crescita. Possono anche fornire accesso a risorse e consigli che possono aiutare le aziende ad avere   successo.

Le organizzazioni imprenditoriali locali possono anche contribuire a creare un senso di comunità trale imprese della zona. Ciò può portare a maggiori opportunità di collaborazione e networking, che possono aiutare a guidare la crescita aziendale. Possono anche fornire accesso ai finanziamenti, che è inestimabile per le start-up e le piccole imprese. Anche   le

organizzazioni imprenditoriali localipossono contribuire a promuovere l'economia locale. Fornendo risorse e consulenza alle imprese, possono contribuire a creare posti di lavoro e stimolare la crescita economica. Ciò può avere un impatto positivo sul territorio, in quanto le imprese sono in grado di crescere e contribuire all'economia locale.

In conclusione, le organizzazioni imprenditoriali locali possono avere un impatto significativo sulla crescita del business e sulle start-up. Possono fornire accesso a risorse, consulenza e finanziamenti, nonché creare un senso di comunità tra le imprese nell'area locale. Questo può aiutare a guidare la crescita del business e stimolare la crescita economica nell'area locale.

Banche locali

Le banche locali svolgono un ruolo vitale nella crescita economica di una regione. Forniscono servizi finanziari a individui, imprese e organizzazioni, eaiutano a stimolare la crescita economica fornendo accesso al capitale. Le banche locali forniscono anche una varietà di servizi alle imprese, come prestiti alle imprese, linee di credito e servizi commerciali. Questi servizi possono essere preziosi per le imprese, in particolare le start-up, in quanto forniscono accesso al capitale e la capacità di gestire il flusso di cassa.

Le banche locali hanno un impatto significativo sulla crescita del business. Forniscono accesso al capitale, che è essenziale per le imprese per crescere ed espandersi. Le aziende possono utilizzare il capitalefornito dalle banche locali per acquistare attrezzature, assumere nuovi dipendenti e aprire nuove sedi. Le banche locali forniscono una varietà di servizi alle imprese, come prestiti alle imprese, linee di credito e servizi commerciali. Questi servizi possono aiutare le aziende a gestire il loro flusso di cassa e possono essere preziosi per le start-up, in quanto forniscono accesso al capitale e la capacità di gestire il flusso di cassa.

Le banche locali possono essere particolarmente vantaggiose per le start-up. Le start-up hanno spesso un accesso limitato al capitale e le banche locali possonofornire il capitale necessario per aiutarle a decollare.

Investitori locali

Gli investitori locali possono avere un impatto significativo sulla crescita delle imprese e delle start-up. Gli investitori locali sono individui o organizzazioni che investono in imprese o start-upnella loro area locale. Possono fornire capitale, risorse e competenze per aiutare le imprese e le start-up a crescere e avere successo.

I vantaggi degli investitori locali sono numerosi. Gli investitori locali possono fornire capitale alle imprese e alle start-up che potrebbero non essere in grado di accedere alle fonti di finanziamento tradizionali. Possono anche fornire consulenza e orientamento per aiutare le imprese e le start-up a prendere decisioni migliori. Gli investitori locali possono fornire accesso a reti e risorse che possono aiutare le imprese e le start-up a crescere. Anche gli

investitori localipossono avere un impatto positivo sull'economia locale. Investendo in imprese locali e start-up, gli investitori locali possono contribuire a creare posti di lavoro, stimolare la crescita economica e generare entrate fiscali. Ciò può contribuire a creare un'economia locale più vivace e prospera.

Gli investitori locali possono anche contribuire a promuovere l'innovazione e l'imprenditorialità. Investendo in imprese e start-up locali, gli investitori locali possono contribuire a creare un ambiente che incoraggi l'innovazione e l'imprenditorialità. Ciò può portare allo sviluppo di nuovi prodotti e servizi, che possono creare nuovi posti di lavoro e opportunità economiche.

Gli investitori locali possono contribuire a creare un senso di comunità. Investendo in imprese e start-up locali, gli investitori locali possono contribuire a creare un senso di orgoglio e di appartenenza nellacomunità locale. Ciò può contribuire a creare un senso di comunità più forte e può contribuire a promuovere un'economia locale più vivace.

Fondi d'investimento regionali

I fondi di investimento regionali (RIF) sono un tipo di fondo di capitale di rischio che investe in imprese situate in unaregione specifica. I RIF sono generalmente gestiti da una società di investimento professionale e sono progettati per fornire capitale alle imprese della regione al fine di stimolare la crescita economica e la creazione di posti di lavoro. I RIF sono spesso utilizzati per finanziare start-up e piccole imprese chepotrebbero non essere in grado di accedere alle fonti tradizionali di capitale.

L'impatto dei RIF sulla crescita delle imprese e sulle

start-up può essere significativo. I RIF forniscono accesso a capitali che potrebbero non essere disponibili da fonti tradizionali, come banche o società di capitale di rischio. Ciò è particolarmente vantaggioso per le start-up e le piccole imprese che potrebbero non avere le risorse per accedere al capitale da altre fonti. I RIF possono fornire una fonte di capitale per le imprese che potrebbero non avere le garanzie o la storia creditizia per garantire un prestito da una banca.

I RIF possono anche fornire alle imprese l'accesso a investitori e consulenti esperti che possono fornire indicazioni e consigli su come utilizzare al meglio il capitale per far crescere l'attività. Ciò è particolarmente vantaggioso per le start-up e le piccole imprese che potrebbero non avere accesso a consulenti esperti.

I RIF possono anche contribuire a creare posti di lavoro nella regione. Investendo nelle imprese della regione, i RIF possono contribuire a creare nuovi posti di lavoro e stimolare la crescita economica. Ciò è particolarmente vantaggioso per le regioni che potrebbero essere economicamente indifficoltà.

I RIF possono avere un impatto significativo sulla crescita del business e sulle start-up. Fornendo accesso al capitale e a consulenti esperti, i RIF possono aiutare le imprese a crescere e creare posti di lavoro nella regione.

Banche regionali di sviluppo

Le banche regionali di sviluppo(RDB) sono istituzioni finanziarie specializzate che forniscono prestiti, sovvenzioni e altra assistenza finanziaria alle imprese e ai privati di una determinata regione. I RDB sono generalmente istituiti dai governi per promuovere lo sviluppo economico in una regione specifica e per fornire accesso al capitale alle imprese e agli individui che altrimenti non avrebbero accesso alle fonti tradizionali di finanziamento.

Gli RDB hanno un impatto significativo sulla crescita del business e sulle start-up. Fornendo accesso al capitale, gli RDB consentonoalle imprese di espandere le loro operazioni e assumere dipendenti supplementari. Questo aumento dell'attività economica può portare alla creazione di posti di lavoro, all'aumento dei salari e all'aumento della crescita economica nella regione. Gli RDB possono fornire assistenza tecnica e consulenza alle imprese, che possono aiutarle a diventare più competitive e di successo.

Gli RDB forniscono anche finanziamenti alle start-up, che è fondamentale per il successo di una nuova attività. Le start-up spesso non dispongono del capitale necessario per avviare la loro attività e gli RDB possono fornire i fondi necessari perfar decollare l'attività. Gli RDB possono fornire consulenza e orientamento alle start-up, che possono aiutarli a navigare nelle complessità dell'avvio di un'impresa.

Gli RDB possono fornire accesso al capitale a persone che altrimenti non avrebbero accesso afonti di finanziamento aggiuntive. Ciò è particolarmente vantaggioso per le persone che si trovano in fasce di reddito più basse o che hanno storie creditizie scadenti. Fornendo accesso al capitale, gli RDB possono aiutare le persone ad avviare imprese, acquistare case e finanziare altri importanti investimenti.

Fondi d'investimento comunitari

I fondi di investimento comunitari (CIF) sono un tipo di strumento finanziario che fornisce capitale alle imprese e alle start-up nelle comunità meno servite. Questi fondi sono progettati per contribuire a stimolare lo sviluppo economico e la creazione di posti di lavoro in aree che sono spesso trascurate dai prestatori tradizionali. I CIF sono in genere finanziati da fonti pubbliche e private, tra cui sovvenzioni governative, fondazioni e investimenti aziendali.

L'obiettivo principale dei CIF è quello di fornire capitali alle imprese e alle start-up nelle comunità meno servite, consentendo loro di crescere e creare posti di lavoro. Questo tipo di investimento può avere un impatto positivo sull'economia locale, in quanto le imprese sono in grado di espandersi e assumere più dipendenti. I CIF possono aiutare a ridurre la povertà e la disuguaglianza nella comunità fornendo accesso al capitale per coloro che altrimenti non avrebbero accesso ai finanziamenti tradizionali.

I CIF possono anche fornire una spinta alle start-up e alle piccole imprese. Fornendo capitale a queste imprese, i CIF possono aiutarle a crescere e diventare più competitive nei rispettivi mercati. Ciò può portare a un aumento delle vendite e dei profitti, che a sua volta può portare a più posti di lavoro e crescita economica nella comunità.

I CIF possono anche aiutare ad attirare nuove imprese nell'area. Fornendo capitale alle start-up e alle piccole imprese, i CIF possono contribuire a creare un ambiente imprenditoriale più attraente nella comunità. Ciò può attirare nuove imprese e imprenditori, il che può portare a un aumento dell'attività economica e alla creazione di posti di lavoro.

Fondi di investimento pubblico

I fondi di investimento pubblici (PIF) sono veicoli di investimento sponsorizzati dal governo che vengono utilizzati per finanziare progetti pubblici e stimolare la crescita economica. I PIF sono generalmente gestiti da un'agenzia governativa o da un ente privato e possono essere utilizzati per finanziareuna varietà di progetti, tra cui infrastrutture, alloggi, istruzione, assistenza sanitaria e tecnologia.

Lo scopo principale dei PIF è stimolare la crescita economica e lo sviluppo in una regione o in un paese. Investendo in progetti pubblici, i PIF possono contribuire a creare posti di lavoro, attrarre nuove imprese e generare entrate per il governo. I PIF possono contribuire a ridurre la povertà e la disuguaglianza fornendo accesso al capitale a coloro che non sono in grado di accedere ai finanziamenti tradizionali.

I PIF possono avere un impatto significativo sul settore delle imprese e sullestart-up. Fornendo accesso al capitale, i PIF possono aiutare gli imprenditori e le piccole imprese a decollare ed espandersi. I PIF possono anche fornire accesso a nuovi mercati e tecnologie, che possono aiutare le aziende a crescere e diventare più competitive. I PIF possono fornire accesso all'assistenza tecnica e al tutoraggio, che possono aiutare le aziende a svilupparsi e avere successo.

I PIF possono anche avere un impatto sull'economia locale. Investendo in progetti locali, i PIF possono contribuire a creare posti di lavoro e stimolare l'attività economica. I PIF possono aiutare ad attrarre nuove imprese e investimenti nell'area, il che può portare a una maggiore crescita economica.

Prestiti garantiti dal governo

I prestiti garantiti dal governo sono prestiti emessi da banche o altre istituzioni finanziarie e sono garantiti da una garanzia governativa. Questi prestiti sono progettati per aiutare le imprese a crescere e le start-up a decollare. Il governo fornisce una garanzia al creditore che il prestito sarà rimborsato, anche se l'attività fallisce. Ciò riduce il rischio per il prestatore, rendendolo più propenso ad approvare il prestito.

I prestiti garantiti dal governo sono vantaggiosi per le imprese perché in genere hanno tassi di interesse più bassi rispetto ai prestiti tradizionali. Ciò li rende più convenienti per le imprese, consentendo loro di accedere al capitale di cui hanno bisogno per crescere ed espandersi. Questi prestiti hanno spesso termini di rimborso più flessibili, rendendoli più facili da gestire.

I prestiti garantiti dal governo possono anche aiutare

le imprese ad accedere al capitale che potrebbero non essere in grado di ottenere dai prestatori tradizionali. Ciò è particolarmente vero per le start-up, che spesso non hanno la storia creditizia necessaria o le garanzie per garantire un prestito da una banca. I prestiti garantiti dal governo possono fornire il capitale necessario per far decollare un'impresa.

Anche la disponibilità di prestiti garantiti dal governo può avere un impatto positivo sull'economia. Fornendo alle imprese l'accesso al capitale, questi prestiti possono contribuire a creare posti di lavoro e stimolare la crescita economica. I tassi di interesse più bassi associati a questi prestiti possono aiutare le imprese a risparmiare denaro, che può essere reinvestito nell'azienda o utilizzato per assumere più dipendenti.

Società di investimento per piccole imprese

Le Small Business Investment Companies (SBIC) sono società private di venture capital che forniscono capitale e assistenza alle piccole imprese. Queste aziende sono autorizzate e regolate dalla Small Business Administration (SBA) e sono progettate per aiutare le piccole imprese a crescere ed espandersi. Gli SBIC forniscono una varietà di servizi, tra cui capitale di rischio, finanziamento del debito e assistenza alla gestione.

Gli SBIC forniscono una preziosa fonte di capitale per le piccole imprese, in particolare quelle che non sono in grado di ottenere finanziamenti da fonti tradizionali. Gli SBIC possono fornire una varietà di opzioni di finanziamento, tra cui investimenti azionari, finanziamenti di debito e capitale di rischio. Gli SBIC forniscono anche assistenza alla gestione, come la pianificazione strategica, le ricerche di mercato e i servizi di sviluppo aziendale.

L'impatto degli SBIC sulla crescita del business e sulle start-up è significativo. Gli SBIC forniscono una fonte di capitale che spesso non è disponibile per le piccole imprese a causa delle fonti tradizionali. Questo capitale consente alle piccole imprese di espandere le loro operazioni, assumere dipendenti aggiuntivi e acquistare nuove attrezzature. Inoltre, l'assistenza gestionale fornita dagli SBIC può aiutare le piccole imprese a sviluppare strategie efficaci per la crescita e il successo.

Gli SBIC forniscono anche una preziosa fonte di capitale per le start-up. Le start-up spesso non hanno il capitale necessario per avviare la loro attività e crescere. Gli SBIC possono fornire il capitale necessario per aiutare le start-up a decollare e crescere. Inoltre, l'assistenza gestionalefornita dagli SBIC può aiutare le start-up a sviluppare strategie efficaci per la crescita e il successo.

Debito subordinato

Il debito subordinato è un tipo di debito che ha una priorità inferiore rispetto ad altre obbligazioni di debito in caso di liquidazione di una società. È anche noto come debito junior o prestito subordinato. Il debito subordinato è tipicamente non garantito e comporta tassi di interesse più elevati rispetto ad altre forme di debito.

Il debito subordinato è uno strumento utile per le imprese per raccogliere capitali. Fornisce una fonte di finanziamentoche non è costosa come il capitale proprio e viene utilizzata per finanziare una varietà di attività, come l'espansione, le acquisizioni e il rifinanziamento. Il debito subordinato può anche essere utilizzato per aumentare la leva finanziaria di un'impresa, il che può contribuire ad aumentare i rendimenti pergli azionisti.

Il debito subordinato è vantaggioso per le start-up in quanto può aiutarle a ottenere finanziamenti senza dover rinunciare al capitale proprio dell'azienda. Può anche essere utilizzato per finanziare attività che altrimenti sarebbero troppo costose per l'azienda da finanziare con capitale proprio.

Il debito subordinato può anche essere vantaggioso per le imprese che cercano di crescere. Può fornire una fonte di finanziamento che non è costosa come il capitale proprio e viene utilizzata per finanziare attività come espansione, acquisizioni e rifinanziamento. L'uso del debito subordinato può anche aiutare ad aumentare la leva finanziaria di una società, che può aiutare ad aumentare i rendimenti per gli azionisti.

Il debito subordinato può anche contribuire a ridurre il rischio di fallimento di un'azienda. In caso di liquidazione di una società, i detentori di debito subordinato vengono pagati dopo altri creditori, il che può aiutare a ridurre il rischio di perdite per la società.

Finanziamento dell'incremento fiscale

Tax Increment Financing (TIF) è uno strumento di finanziamento pubblico utilizzato per finanziare infrastrutture pubbliche e progetti di sviluppo. Si tratta di un modo perle amministrazioni locali di finanziare progetti che altrimenti sarebbero troppo costosi da finanziare con mezzi tradizionali. La TIF viene utilizzata per attrarre investimenti privati e stimolare la crescita economica in un'area specifica.

TIF funziona consentendo a un governo locale di catturare leentrate fiscali sulla proprietà generate da un progetto di sviluppo e utilizzarle per finanziare il progetto. L'aumento del gettito dell'imposta sulla proprietà è noto come "incremento fiscale" ed è la differenza tra l'importo delle entrate fiscali sulla proprietà generate prima del progettoe l'importo generato dopo il completamento del progetto.

La TIF è un'opzione di finanziamento interessante per le imprese perché consente loro di accedere ai fondi per i progetti senza dover contrarre ulteriori debiti. Ciò è particolarmente vantaggioso per le start-up e le piccole imprese che potrebbero non avere accesso alle opzioni di finanziamento tradizionali.

TIF può anche essere utilizzato per finanziare progetti di infrastrutture pubbliche come strade, ponti e trasporti pubblici. Questi progetti possono contribuire a creare un ambiente più attraente perle imprese, che può portare ad una maggiore crescita economica e alla creazione di posti di lavoro.

La TIF può anche essere utilizzata per finanziare servizi pubblici come scuole, biblioteche e parchi. Questi servizi possono contribuire a creare un ambiente più attraente per le imprese, che può portare a una crescita economica e allacreazione di posti di lavoro.

Prestiti alle imprese non garantiti

I prestiti alle imprese non garantiti sono un tipo di finanziamento che non richiede garanzie da utilizzare come garanzia. Sono spesso utilizzati da piccole imprese e start-up per finanziare le loro operazioni e la loro crescita.

Il vantaggio principale dei prestiti alle imprese non garantiti è che sono più facili da ottenere rispetto ai prestiti garantiti. Questo perché il creditore non deve preoccuparsi che il mutuatario sia inadempiente sul prestito, in quanto non vi è alcuna garanzia da rientrare in possesso in caso di inadempienza. Ciò li rende attraenti per le aziende che potrebbero non avere le attività per garantire un prestito.

Un altro vantaggio dei prestiti alle imprese non garantiti è che possono fornire rapidamente alle imprese l'accesso al capitale. Ciò è particolarmente vantaggioso per le start-up, poiché spesso hanno bisogno di accedere rapidamente ai fondi per far decollare la loro attività.

Lo svantaggio dei prestiti alle imprese non garantiti è che tendono ad avere tassi di interesse più elevati rispetto ai prestiti garantiti. Questo perché il creditore si assume un rischio maggiore non avendoalcuna garanzia da rientrare in possesso in caso di default.

Inoltre, i prestiti alle imprese non garantiti sono difficili da ottenere. Questo perché i creditori sono spesso riluttanti a prestare denaro alle imprese che non hanno beni per garantire il prestito.

Nonostante i tassi di interesse elevati e la difficoltà di ottenerli, i prestiti alle imprese non garantiti sono buoni per le imprese per accedere rapidamente al capitale. Ciò è particolarmente vantaggioso per le start-up, poiché spesso hanno bisogno di accedere rapidamente ai fondi per far decollare la loro attività.

Prestiti alle imprese USDA

Il Dipartimento dell'Agricoltura degli Stati Uniti (USDA) fornisce prestiti alle imprese alle piccole imprese e alle start-up nelle aree rurali. Questi prestiti sono progettati per aiutare le imprese a crescere ed espandersi, creare posti di lavoro e migliorare l'economia locale. L'USDA fornisce prestiti diretti e garantiti alle imprese e i termini e le condizioni variano a seconda del tipo di prestito.

I prestiti diretti sono forniti direttamente dall'USDA all'azienda. Questi prestiti sono tipicamente utilizzati per l'espansione aziendale, gli acquisti di attrezzaturee il capitale circolante. I termini del prestito possono variare, ma in genere includono un tasso di interesse fisso e termini di rimborso fino a 30 anni. L'importo del prestito si basa sull'affidabilità creditizia del mutuatario e sullo scopo del prestito.

Iprestiti garantiti sono forniti da istituti di credito privati, ma sono garantiti dall'USDA. Questi prestiti sono in genere utilizzati per l'avvio e l'espansione di imprese e i termini e le condizioni del prestito sono determinati dal prestatore. L'importo del prestito si basasull'affidabilità creditizia del mutuatario e sullo scopo del prestito.

Il programma di prestiti alle imprese USDA ha avuto un impatto positivo sulle imprese e sulle start-up nelle aree rurali. Questi prestiti hanno permesso alle imprese di espandersi e di creare posti di lavoro, il che ha contribuito a migliorare l'economia locale. I prestiti hanno anche permesso alle imprese di acquistare attrezzature e capitale circolante, che le ha aiutate a diventare più competitive e redditizie.

Finanziamento dei fornitori

Il finanziamento del fornitore è un tipo di finanziamento fornito da un fornitore a un cliente. È una forma di finanziamento a breve termine che viene utilizzata per acquistare beni o servizi da un venditore o fornitore. Il finanziamento dei fornitori viene spesso utilizzato dalle aziende per acquistare inventario, attrezzature o altri beni e servizi da un fornitore o da unupplier.

Il finanziamento del fornitore è vantaggioso sia per il venditore che per il cliente. Per il venditore, può fornire un flusso costante di entrate e aiutare a fidelizzare i clienti. Per il cliente, può fornire l'accesso ai beni e ai servizi necessari senza doverpagare in anticipo. Ciò è particolarmente vantaggioso per le piccole imprese e le start-up, che potrebbero non avere le risorse per pagare in anticipo grandi acquisti.

Il finanziamento dei fornitori può avere un impatto positivo sulla crescita del business e sulle start-up. Fornire l'accesso ai servizi e ai servizi necessarisenza dover pagare in anticipo può contribuire a ridurre i costi e ad aumentare il flusso di cassa. Ciò può aiutare le aziende a crescere ed espandersi, oltre a consentire loro di sfruttare opportunità che potrebbero non essere disponibili senza il finanziamento.

Il finanziamento dei fornitori può anche essere vantaggioso per le start-up. Fornire l'accesso ai beni e ai servizi necessari senza dover pagare in anticipo, può aiutare a ridurre i costi e aumentare il flusso di cassa. Questo può aiutare le start-up a decollare e iniziare a generare entrate. Può anche aiutare a fidelizzare i clienti, poiché i clienti potrebbero essere più propensi ad acquistare da un fornitore che fornisce finanziamenti.

Centri d'affari femminili

I Women's Business Centre (WBC) sono un tipo di incubatore di imprese che fornisce risorse e supporto alleimprenditrici. I WBC sono progettati per aiutare le donne ad avviare, crescere e sostenere le loro attività. Forniscono una gamma di servizi, tra cui lo sviluppo di piani aziendali, l'alfabetizzazione finanziaria, l'accesso al capitale, il tutoraggio e le opportunità di networking. I WBC forniscono anche l'accesso a risorse come ricerche di mercato, coaching aziendale e   consulenza   legale.

L'impatto dei WBC sulla crescita del business e sulle start-up è significativo. I WBC forniscono le risorse e il supporto necessari alle donne per avviare e far crescere le loro attività. Forniscono accesso a capitali, tutoraggio e opportunità di networking, che è inestimabile per gli imprenditori. I WBC forniscono anche l'accesso a risorse come ricerche di mercato, coaching aziendale e consulenza legale, che possono aiutare gli imprenditori a prendere decisioni informate e aumentare le loro possibilità di successo.

I WBC hanno anche dimostrato di avere un impatto positivo sulla crescita economica delle comunità. Gli studi hanno scoperto che i globuli bianchi hanno un effetto positivo sulla creazione di posti di lavoro, sullo sviluppo economico e sulla salute economica generale delle comunità. È stato anche riscontrato che i globuli bianchi hanno un effetto positivo sul numero di imprese di proprietà femminile in un'area, il che può portare a un aumento dell'attività economica.

Prestiti per capitale circolante

I prestiti per il capitale circolante sono un tipo di prestito che aiuta le imprese acoprire le spese a breve termine. Questi prestiti vengono in genere utilizzati per coprire spese quali buste paga, inventario e altri costi operativi. I prestiti per il capitale circolante sono importanti per le imprese in quanto forniscono i fondi necessari per mantenere le operazioni senza intoppi.

L'impatto dei prestiti per il capitale circolante sulla

crescita delle imprese e sulle start-up è significativo. I prestiti per il capitale circolante forniscono alle imprese i fondi di cui hanno bisogno per coprire le spese a breve termine e investire nella crescita a lungo termine. Per le start-up, i prestiti di capitale circolante possono fornire i fondi necessari per far decollare l'attività. Vengono utilizzati per acquistare attrezzature, assumere personale e coprire altri costi di avviamento.

I prestiti per il capitale circolante possono anche aiutare le imprese a espandersi e crescere. I fondi possono essere utilizzati per acquistare ulteriori inventari, assumere più personale e investire in marketing e pubblicità. Questo può aiutare le aziende a raggiungere nuovi clienti e aumentare le vendite. I prestiti per capitale circolante possono aiutare le imprese a gestire il flusso di cassa e ridurre il rischio di rimanere senza denaro.

CAPITOLO DODICI

Utilizzare la tecnologia per aumentare l'efficienza

La tecnologia è diventata parte integrante delle operazioni aziendali nel mondo moderno. Ha permesso alle aziende di aumentare la loro efficienza e produttività, riducendo al contempo i costi. La tecnologia ha anche permesso alle aziende di raggiungere nuovi mercati e clienti, fornendo loro anche nuove opportunità di crescita ed espansione.

La tecnologia ha avuto un impatto significativo sull'efficienza aziendale. La tecnologia ha consentito alle aziende di automatizzare i processi, le operazioni di treamline e ridurre i costi. L'automazione ha permesso alle aziende di ridurre il tempo e gli sforzi necessari per completare le attività, riducendo al contempo la necessità di lavoro manuale. *La tecnologia ha consentito alle aziende di accedere e analizzare i dati in modo più rapido* e *accurato,*

consentendo loro di prendere
decisioni migliori e ottenere un
vantaggio competitivo.

La tecnologia ha anche permesso alle aziende di raggiungere nuovi mercati e clienti. Utilizzando strumenti di marketing digitale, le aziende possono raggiungere un pubblico più ampio e aumentare la lorobase di clienti. La tecnologia ha permesso alle aziende di fornire un servizio clienti migliore, che può portare a una maggiore fedeltà e soddisfazione dei clienti.

La tecnologia ha avuto un impatto significativo sulla crescita del business e sulle start-up. La tecnologia ha consentitoalle imprese di scalare in modo rapido ed efficiente, riducendo al contempo i costi aziendali. La tecnologia ha anche permesso alle aziende di accedere a nuovi mercati e clienti, offrendo loro anche nuove opportunità di crescita ed espansione.

Quali sono le tecnologie che è possibile utilizzare per aumentare l'efficienza aziendale?
Automazione dei processi del servizio clienti.

- **Automatizza le richieste del servizio clienti:** utilizza chatbot automatizzati per rispondere alle richieste dei clienti e fornire un servizio clienti di base. Ciò può aiutare a ridurre il numero di richieste di assistenza clienti e liberare tempo per gli agenti del servizio clienti per concentrarsi su problemi più complessi.

- **Automatizza i processi di** assistenza clienti: utilizza l'automazione per semplificare i processi del servizio clienti. Ciò può includere l'automazione dell'evasione degli ordini, l'onboarding dei clienti e il feedback dei clienti. L'automazione di questi processi può aiutare a ridurre il lavoro manuale e liberare tempo per gli agenti del servizio clienti per concentrarsi su problemi più complessi.

- **Automatizza l'analisi del servizio clienti:** utilizza l'analisi per ottenere informazioni dettagliate sulle prestazioni del servizio clienti. Questo può aiutare a identificare le aree di miglioramento e consentire agli agenti del servizio clienti di servire meglio i clienti.

- **Automate customer service feedback:** utilizza sistemi di feedback automatizzati per raccogliere i feedback dei clienti. Questo può aiutare a identificare le aree di miglioramento e consentire agli agenti del servizio clienti di servire meglio i clienti.

- **Automatizza le notifiche del servizio clienti:** utilizzanotifiche automatiche per tenere informati i clienti sui loro ordini, sullo stato dell'account e su altre informazioni importanti. Questo può aiutare a ridurre la frustrazione dei clienti e migliorare il servizio clienti.

Implementazione di soluzioni basate su cloud per l'archiviazione e la condivisione dei dati.

Le soluzioni basate su cloudstanno diventando sempre più popolari per l'archiviazione e la condivisione dei dati per la crescita delle imprese e le start-up. Le soluzioni basate sul cloud offrono numerosi vantaggi, tra cui risparmio sui costi, scalabilità e flessibilità. Forniscono inoltre un ambiente sicuro perl'archiviazione e la condivisione di d ata.

- **Risparmio sui costi:** le soluzioni basate su cloud sono spesso più convenienti rispetto alle tradizionali soluzioni on-premise. Questo perché le aziende non hanno bisogno di acquistare e mantenere hardware o software costosi. Invece, possono pagare per i servizi di cuihanno bisogno su base pay-as-you-go.

- **Scalabilità: le** soluzioni basate su cloud sono altamente scalabili, il che significa che le aziende possono facilmente aumentare o diminuire il loro utilizzo a seconda delle loro esigenze. Ciò è particolarmente utile per le start-up, che potrebbero aver bisogno di aumentare rapidamente i loro servizi man mano che la loro attività cresce.

- **Flessibilità:** le soluzioni basate su cloud sono anche altamente flessibili, consentendo alle aziende di accedere ai propri dati da qualsiasi parte del mondo. Ciò è particolarmente utile per le aziende con più sedi o per i dipendenti che viaggiano frequentemente.

- **Sicurezza: le** soluzioni basate su cloudsono altamente sicure, in quanto forniscono servizi di crittografia e autenticazione per proteggere i dati da accessi non autorizzati. Ciò è particolarmente importante per le aziende che gestiscono informazioni sensibili, come i dati finanziari o dei clienti.

Le soluzioni basate su cloud sono la scelta ideale per le aziende che desiderano archiviare e condividere dati per la crescita aziendale e le start-up. Offrono risparmi sui costi, scalabilità, flessibilità e sicurezza, rendendoli un'ottima opzione per le aziende di tutte le dimensioni.
Utilizzo dell'analisi per tenere traccia del comportamento e delle preferenze dei clienti.

Analytics è un potente strumento che consente alle aziende di tenere traccia del comportamento e delle preferenze dei clienti al fine di ottenere informazioni dettagliate sulle esigenze e le preferenze dei clienti. Questo viene utilizzato per informare le decisioni sullo sviluppo del prodotto, le strategie di marketinge il servizio clienti.

Le aziende possono utilizzare l'analisi per monitorare il comportamento e le preferenze dei clienti in diversi modi. Possono tenere traccia della cronologia degli acquisti dei clienti, dell'utilizzo del sito Web e dell'app e delle recensioni online. Questi dati vengono utilizzati per identificare le esigenze e le preferenze dei clienti e per sviluppare campagne di marketing mirate e offerte di prodotti.

L'analisi può anche essere utilizzata per monitorare il coinvolgimento dei clienti con gli account dei social media di un'azienda. Questo può aiutare le aziende a capire quali contenuti risuonano con i clienti e qualipost hanno maggiori probabilità di generare coinvolgimento.

Per le start-up, l'analisi viene utilizzata per tenere traccia del comportamento e delle preferenze dei clienti al fine di ottenere informazioni sulle esigenze e le preferenze dei clienti. Ciò può aiutare le start-up a identificare le esigenze dei clienti e a sviluppare prodotti eservizi che soddisfino tali esigenze. L'analisi può anche aiutare le start-up a identificare potenziali mercati e indirizzarli con campagne di marketing personalizzate.

Strumenti di marketing online per raggiungere nuovi clienti.

- **Search Engine Optimization (SEO):** SEO è un potente strumento per portare la tua attività di fronte ai potenziali clienti. Si tratta di ottimizzare il tuo sito web e i tuoi contenuti per posizionarti più in alto nei risultati dei motori di ricerca, rendendo più facile per i clienti trovarti.

- **Social Media Marketing:** i social media sono un modo efficace per raggiungere nuovi clienti e costruire relazioni con loro. Puoi utilizzare le piattaforme per condividere contenuti, interagire con i clienti e promuovere la tua attività.

- **Content Marketing:** Il content marketing è un modo unico per attirare nuovi clienti e creare fiducia con loro. Puoi creare post di blog, video e altri tipi di contenuti per fornire informazioni preziose al tuo pubblico e mostrare loro perché dovrebbero scegliere la tua attività.

- **Email marketing :** l'email marketing è un modo morbido per rimanere in contatto con i clienti esistenti e raggiungerne di nuovi. Puoi utilizzare le newsletter via email per condividere aggiornamenti, promozioni e altri contenuti per mantenere i clienti coinvolti e interessati alla tua attività.

- **Pay-Per-Click Advertising:** La pubblicità pay-per-click (PPC) è un modo online per portare rapidamente la tua attività di fronte ai potenziali clienti. Puoi utilizzare le piattaforme per creare annunci che hanno come target parole chiave specifiche e vengono visualizzati quando i clienti cercano tali termini.

Ch atbot basati sull'intelligenza artificiale per migliorare il servizio clienti.

I chatbot basati sull'intelligenza artificiale possono essere utilizzati per migliorare il servizio clienti per la crescita aziendale e le start-up in diversi modi. I chatbot vengono utilizzati per automatizzare le richieste del servizio clienti, fornire un servizio clienti personalizzato e persino fornire assistenza clienti 24 ore su 24, 7 giorni su 7.

I chatbot vengono utilizzati per rispondere alle richieste dei clienti in modo rapido e accurato. Questo può aiutare a ridurre i tempi di attesa dei clienti e migliorare la soddisfazione dei clienti. I chatbot possono anche essere utilizzati per fornire un servizio clienti personalizzato. Utilizzando l'elaborazione del linguaggio naturale basata sull'intelligenza artificiale, i chatbot possono comprendere le richieste dei clienti e fornire risposte personalizzate.

I chatbot possono anche essere utilizzati per fornire assistenza clienti 24 ore su 24, 7 giorni su 7. Ciò è particolarmente vantaggioso per le start-up che potrebbero non avere le risorseper fornire un servizio clienti tutto il giorno. I chatbot basati sull'intelligenza artificiale vengono utilizzati per rispondere alle richieste dei clienti e fornire supporto in qualsiasi momento del giorno o della notte.

I chatbot basati sull'intelligenza artificiale vengono utilizzati per raccogliere i dati dei clienti. Questi dati vengono utilizzati per ottenere informazioni sul comportamento e sulle preferenze personalizzate, che possono aiutare le aziende a migliorare i loro prodotti e servizi. Utilizzando i chatbot basati sull'intelligenza artificiale, le aziende possono ottenere preziose informazioni sui propri clienti e utilizzare questi dati per migliorare il servizio clienti e far crescere la propria attività.

Piattaforme di social media per interagire con i clienti.

Le piattaforme di social media sono un modo sicuro per interagire con i clienti e far crescere la tua attività. Forniscono una piattaforma per le aziende per interagire con i propri clienti, costruire relazioni e aumentarel'awaren ess del marchio.

Il primo passo per utilizzare i social media per la crescita del business è creare una presenza sulle principali piattaforme di social media. Ciò include la creazione di account su tutte le principali piattaforme di social media. Una volta creati questi account, le aziende devono iniziare ainteragire con i propri clienti. Questo viene fatto attraverso post, commenti e messaggi.

Le aziende dovrebbero anche utilizzare i social media

per promuovere i loro prodotti e servizi. Questo viene fatto attraverso post, annunci e contenuti sponsorizzati. Le aziende dovrebbero utilizzare i social media per costruire relazioni con i propri clienti. Questo viene fatto rispondendo a commenti e messaggi, impegnandosi in conversazioni e fornendo consigli e informazioni utili.

Le aziende dovrebbero anche utilizzare i social media per creare contenuti rilevanti per il lorosettore. Questo può includere post di blog, video e podcast. Le aziende dovrebbero utilizzare i social media per rimanere aggiornate con le tendenze e le notizie del settore. Questo viene fatto seguendo leader e influencer del settore.

Le aziende dovrebbero utilizzare i social media per misurareil successo delle loro campagne. Questo viene fatto attraverso il monitoraggio di Mi piace, commenti e condivisioni. Le aziende dovrebbero utilizzare strumenti di analisi per misurare la portata e il coinvolgimento dei loro post.

L'utilizzo dei social media per la crescita aziendale e le start-up è un processo definito per interagire con i clienti, costruire relazioni e aumentare la consapevolezza del marchio. Creando una presenza sulle principali piattaforme di social media, interagendo con i clienti, promuovendo prodotti e servizi, creando contenuti e misurando il successo, le aziende possono utilizzare i media socialiper far crescere la propria attività e raggiungere nuovi clienti.

Videoconferenza per connettersi con team remoti.

La videoconferenza è una tecnologia che consente alle persone di comunicare tra loro su Internet utilizzando video e audio. È diventato sempre piùpopolare negli ultimi anni, in quanto consente alle persone di rimanere in contatto con i loro colleghi, amici e familiari, anche quando non sono fisicamente presenti.

- La videoconferenza può essere utilizzata per connettere team remoti, consentendo loro di collaborare a progetti, condividere idee e rimanere aggiornati sugli ultimi sviluppi. Può anche essere utilizzato per la formazione e l'istruzione a distanza, nonché per riunioni e conferenze virtuali. Con l'aiuto della videoconferenza, le imprese possono risparmiare tempo e denaro eliminandola necessità di viaggiare, pur consentendo una comunicazione produttiva ed efficiente.

- La videoconferenza è diventata un modo sempre più popolare per le aziende di connettersi con team remoti e facilitare la collaborazione. È diventato uno strumento inestimabile per le aziende di tutte le dimensioni, dalle piccole start-up alle grandi aziende. Le videoconferenze offrono una serie di vantaggi che possono aiutare le aziende a crescere e avere successo.

- Il vantaggio più evidente della videoconferenza è la possibilità di connettersi con team remoti. Ciò consente alle aziende di collaborare con team che si trovano in diverse parti del mondo, senza dover viaggiare. Ciò può far risparmiare tempo e denaro alle aziende, oltre a consentire loro di accedere a un pool più ampio di talenti.

- La videoconferenza consente inoltre alle impresedi rimanere in contatto con le loro équipe, anche quando non sono fisicamente presenti. Questo può aiutare a mantenere il morale e garantire che tutti siano sulla stessa pagina. Consente inoltre alle aziende di rimanere in contatto con i propri clienti e partner, che possono aiutarea costruire relazioni e promuovere la fiducia.

- Le videoconferenze possono anche aiutare le aziende a risparmiare denaro. Utilizzando la videoconferenza, le aziende possono ridurre i costi di viaggio e risparmiare sui costi di affitto delle sale riunioni. Ciò può aiutare le imprese a risparmiare denaro, che può quindi essere reinvestito in altre aree del business.

- Le videoconferenze possono anche aiutare le aziende ad aumentare la loro produttività. Consentendo ai team di collaborare in remoto, le aziende possono fare di più in meno tempo. Questo può aiutare le aziende ad aumentare la loro produzione e migliorare i loro profitti.

- Le videoconferenze aiutano le aziende a rimanere competitive. Rimanendo in contatto con i loro team e clienti, le aziende possono stare al passo con la concorrenza e assicurarsi di fornire il miglior servizio possibile.

La videoconferenza è uno strumento inestimabile per le aziende di tutte le dimensioni. Può aiutare le aziende a risparmiare denaro, aumentare la produttività e rimanere in contatto con i propri team e clienti. Questo può aiutare le aziende a crescere e avere successo.

Software di gestione dei progetti per la gestione di attività e scadenze.

Il software di gestione dei progetti è un potente strumento per le aziende e le start-up per gestire attività e scadenze. Aiuta a semplificare i processi, aumentare l'efficienza e migliorare la collaborazione. Aiuta a risparmiare tempo e denaro riducendo la necessità di processi manuali e garantendo che le attività siano completate in tempo.

- Il software di gestione dei progetti aiuta le aziende e le start-up a pianificare ed eseguire i progetti in modo più efficiente. È quello di creare una sequenza temporale per le attività e le scadenze, assegnare attività ai membri del team e tenere traccia dei progressi per garantire che i progetti siano completati in tempo e nel rispetto del budget.

- Il software di gestione dei progetti è quello di migliorare la collaborazione tra i membri del team. Fornisce inoltre una piattaforma centrale per la comunicazione e lacollaborazione, consentendo ai membri del team di condividere facilmente idee e lavorare insieme. Ciò aiuta a ridurre la quantità di tempo dedicato ai processi manuali e aumenta l'efficienza.

- Il software di gestione dei progetti serve a migliorare la soddisfazione del cliente. Si tratta digarantire che le richieste dei clienti siano gestite in modo rapido ed efficiente e che il loro feedback sia preso in considerazione per migliorare la fedeltà dei clienti e aumentare la soddisfazione dei clienti.

Il software di gestione dei progetti aiuta a migliorare la crescita aziendale e le start-up per identificare le aree di miglioramento e garantire che i progetti siano completati in tempo e nel rispetto del budget. Questo per aumentare i profitti e garantire che le imprese e le start-up abbiano successo.

Soluzioni di e-commerce per semplificare le vendite.

Le soluzioni di e-commerce stanno diventando sempre più popolari per le aziende di tutte le dimensioni, dalle grandi aziende alle piccole start-up. Queste soluzioni offrono alle aziende una serie di vantaggi, tra cui maggiore efficienza, risparmi sui costi e un migliore servizio clienti. Aiutano anche le aziendea semplificare i loro processi di vendita, consentendo loro di concentrarsi maggiormente sulla crescita della propria attività.

- Le soluzioni di e-commerce aiutano le aziende a semplificare i processi di vendita automatizzando molte delle attività associate alle vendite. Ciò include l'automazionedell'elaborazione pr degli ordini, del servizio clienti e della gestione dell'inventario.

- L'automazione aiuta a ridurre la quantità di tempo e sforzi necessari per gestire le vendite, liberando risorse per concentrarsi su altre aree del business. L'automazione aiuta a garantire precisione e coerenza nelprocesso di vendita, riducendo le possibilità di errori o opportunità perse.

- Le soluzioni di e-commerce aiutano anche a migliorare il servizio clienti. Automatizzando le attività del servizio clienti. Le aziende forniscono ai clienti un servizio più rapido ed efficiente. Ciò aiuta ad aumentare la soddisfazione e la fedeltà dei clienti, portando ad un aumento delle vendite e delle entrate. Il servizio clienti automatizzato può contribuire a ridurre la quantità di tempo e di sforzi necessari per rispondere alle richieste dei clienti, liberando risorse per concentrarsi su altre aree della situazione.

Le soluzioni di e-commerce aiutano le aziende a risparmiare denaro. Automatizzando molte delle attività associate alle vendite, le aziende possono ridurre i costi generali. Ciò aiuta ad aumentare i profitti e consente alle aziende di reinvestire tali profitti in altre aree del business.

Applicazioni mobili per aumentare il coinvolgimento dei clienti.

Le applicazioni mobili stanno diventando sempre più popolari per le aziende come un modo per interagire con i propri clienti e aumentare la loro crescita. Le app mobili possono essere utilizzate per offrire ai clienti un'esperienza più personalizzata, offrire offerte esclusive e fornire aggiornamenti in tempo reale su prodotti e servizi. Possono anche essere utilizzati per raccogliere dati sul comportamento e le preferenze dei clienti, che possono essere utilizzati per creare campagne di marketing mirate.

- L'uso di applicazioni mobili per aumentare il coinvolgimento dei clienti e la crescita del business si è dimostrato efficace. Gli studi hanno dimostrato che le aziende che utilizzano le app mobili per interagire con i propri clienti hanno visto un aumento della fedeltà e della soddisfazione dei clienti, nonché un aumentodelle vendite. Le aziende che utilizzano app mobili per raccogliere i dati dei clienti hanno visto un aumento della loro capacità di indirizzare le loro campagne di marketing e aumentare il loro ROI.

- Le start-up beneficiano anche dell'uso di applicazioni mobili per aumentare ilcoinvolgimento dei clienti e la crescita del business. Utilizzando le app mobili, le start-up costruiscono rapidamente una base di clienti e aumentano la loro visibilità. Le app mobili vengono utilizzate per raccogliere dati sul comportamento e le preferenze dei clienti, che possono essere utilizzati per creare campagne mirate di MarkEting e aumentare le vendite.

Le applicazioni mobili sono un modo influente per le aziende di interagire con i propri clienti e aumentare la loro crescita. Sono utilizzati per fornire ai clienti un'esperienza più personalizzata, offrire offerte esclusive e fornireaggiornamenti in tempo reale su prodotti e servizi.

Realtà virtuale per creare esperienze cliente coinvolgenti.

La realtà virtuale (VR) è una tecnologia che consente agli utenti di interagire e sperimentare un ambiente simulato. È diventato sempre più popolare negliultimi anni, poiché è stato utilizzato per creare esperienze coinvolgenti per i clienti che hanno un profondo impatto sulla crescita del business e sulle start-up.

- La VR viene utilizzata per creare un'esperienza cliente unica e coinvolgente. Ad esempio, le aziende possono utilizzare la realtà virtuale per crearesho wroom virtuali, consentendo ai clienti di esplorare i prodotti in un ambiente realistico e 3D. Questo può essere utilizzato per fornire ai clienti un'esperienza di acquisto più interattiva e coinvolgente, nonché per fornire ai clienti una migliore comprensione del prodotto. Ciò aiuta ad aumentare il coinvolgimento e la fedeltà dei clienti, nonché ad aumentare le vendite.

La VR può anche essere utilizzata per creare esperienze di formazione ed educazione virtuali. Questo viene utilizzato per fornire ai clienti un'esperienza di apprendimento più coinvolgente e coinvolgente, nonchéper fornire alle aziende un modo più efficiente ed economico per formare i propri dipendenti. Ciò aiuta a migliorare le prestazioni e la produttività dei dipendenti, nonché a ridurre i costi di formazione.

Big data per ottenere informazioni dettagliate sul comportamento dei clienti.

Big data è un termine usato per descrivere la grande quantità di dati generati da aziende e organizzazioni. Si tratta di dati troppo grandi e complessi per essere elaborati e analizzati con metodi tradizionali. I big data possono essere utilizzati per ottenere informazioni sul comportamento **dei clienti** e sul suo impatto sulla crescita aziendale e sulle start-up.

- I big data possono essere utilizzati per identificare le preferenze e le tendenze dei clienti, che possono quindi essere utilizzati per creare campagne e strategie di marketing mirate. Analizzando i dati dei clienti, le aziende possono ottenere informazioni dettagliate sui modelli di acquisto dei clienti, che vengono utilizzati per comprendere meglio le esigenze e le preferenze dei clienti. Questo aiuta le aziende a creare campagne e strategie di marketing più efficaci che sono su misura per le esigenze dei loro clienti.

- I big data vengono utilizzati anche per identificare potenziali opportunità di crescitaed espansione del business. Analizzando i dati dei clienti, le aziende identificano le aree di potenziale crescita e sviluppano strategie per capitalizzare tali opportunità. Ciò aiuta le aziende ad aumentare la loro quota di mercato e redditività e anche a ridurre la loro esposizione a potenziali rischi e garantire il loro successo a lungo termine.

I big data vengono utilizzati per identificare potenziali aree di innovazione. Analizzando i dati dei clienti, le aziende identificano le aree in cui è possibile sviluppare nuovi prodotti o servizi per soddisfare le esigenze dei clienti affinché le impreserimangano un passo avanti rispetto alla concorrenza e rimangano competitive sul mercato.

Tecnologia di riconoscimento vocale per automatizzare i processi.

La tecnologia di riconoscimento vocale è una tecnologia in rapida crescita che viene utilizzata per automatizzare i processi nelle aziende e nelle start-up. Questa tecnologia viene utilizzata per riconoscere e interpretare le parole pronunciate, consentendo agli utenti di interagire con i loro dispositivi e applicazioni senza la necessità di input manuali. La tecnologia di riconoscimento vocale ha il potenziale per rivoluzionare il modo in cui operano le aziende e le start-up, in quanto può aiutare a semplificare i processi, ridurre i costi e aumentare l'efficienza.

- L'uso più comune della tecnologia di riconoscimento vocale è nel servizio clienti. Utilizzando la tecnologia di riconoscimento vocale, le aziende forniscono ai clienti risposte più rapide e accuratealle loro domande per ridurre i tempi di attesa dei clienti e migliorare la soddisfazione dei clienti. La tecnologia di riconoscimento vocale può essere utilizzata per automatizzare processi come l'elaborazione degli ordini, l'elaborazione dei pagamenti e l'assistenza clienti per ridurre la quantità di tempo e risorse necessarie per completare queste attività, consentendo alle aziende di concentrarsi su attività più importanti.

La tecnologia di riconoscimento vocale viene utilizzata per migliorare l'accuratezza dell'immissione dei dati. Utilizzando la tecnologia di riconoscimento vocale, le aziende riducono la quantità di tempo e risorse necessarie per inserire i dati nei loro sistemi per ridurre gli errori e migliorare l'accuratezza, con conseguente dati più accurati e un migliore processo decisionale.

Machine learning per automatizzare attività e processi.

L'apprendimento automatico (ML) è una forma diintelligenza artificiale (AI) che consente ai computer di apprendere dai dati e utilizzarli per prendere decisioni. È uno strumento potente che viene utilizzato per automatizzare attività e processi e il suo impatto sulla crescita aziendale e sulle start-up è immenso.

- ML viene utilizzato per automatizzare molte delle attività noiose e dispendiose in termini di tempo associate alla gestione di un'azienda. Ad esempio, ML viene utilizzato per automatizzare le attività del servizio clienti, ad esempio rispondere alle richieste dei clienti, elaborare gli ordini e gestire gli account dei clienti. Il ML viene anche utilizzato per automatizzarele attività di e marketing come la segmentazione dei clienti, il targeting delle campagne e l'analisi del comportamento dei clienti.

- ML viene utilizzato anche per automatizzare processi come produzione, gestione dell'inventario e gestione della supply chain. Utilizzando il ML, le aziende riducono i costi, aumentanol'efficienza e migliorano la soddisfazione dei clienti.

Il ML viene utilizzato anche per migliorare il processo decisionale. Analizzando i dati, ML identifica modelli e tendenze che vengono utilizzati per informare le decisioni per le aziende per prendere decisioni migliori su marketing, sviluppo del prodotto e servizio clienti e aiutare le aziende ad aumentare la fedeltà e la fidelizzazione dei clienti.

Tecnologia blockchain per proteggere dati e transazioni.

La tecnologia blockchain è un nuovo modo rivoluzionario di proteggere dati e transazioni. È unatecnologia le dger distribuita che utilizza la crittografia per archiviare e trasmettere dati in modo sicuro. La tecnologia blockchain ha il potenziale per rivoluzionare il modo in cui le aziende operano e crescono, nonché il modo in cui le start-up si sviluppano e hanno successo.

- La tecnologia blockchain viene utilizzata perarchiviare e trasmettere dati, come informazioni sui clienti, transazioni finanziarie e altre informazioni sensibili. È un sistema decentralizzato, il che significa che non è controllato da nessuna singola entità, rendendolo più sicuro dei sistemi tradizionali. Blockchanella tecnologia è immutabile, il che significa che una volta che i dati sono memorizzati sulla blockchain, non possono essere modificati o alterati. Ciò lo rende una soluzione ideale per le aziende che hanno bisogno di archiviare e trasmettere dati sensibili in modo sicuro.

- La tecnologia blockchain viene utilizzata per facilitare letransazioni sicure utilizzando contratti intelligenti, le aziende possono creare contratti digitali che vengono memorizzati sulla blockchain e vengono eseguiti automaticamente quando vengono soddisfatte determinate condizioni. Ciò elimina la necessità di verifiche manuali e riduce lafrenesima delle frodi. La tecnologia blockchain viene utilizzata per creare token digitali che vengono utilizzati per facilitare pagamenti e altre transazioni. Ciò è particolarmente utile per le start-up che devono elaborare i pagamenti in modo rapido e sicuro.

La tecnologia blockchain viene utilizzata percreare nuovi modelli di business e opportunità per le start-up e le imprese che possono utilizzare la tecnologia blockchain per creare nuovi prodotti e servizi, come applicazioni decentralizzate (dApp) e organizzazioni autonome decentralizzate (DAO). Questi nuovi modelli di business aprono nuovi mercati e creano nuove fonti di reddito per le imprese e le start-up per raggiungere nuove vette di successo.

Stampa 3D per creare prototipi e prodotti.
La stampa 3D è una tecnologia rivoluzionaria che sta guadagnando popolarità negli ultimi anni. È un processo di creazione di oggetti tridimensionali da un file digitale utilizzando tecniche di produzione additiva. La stampa 3D è stata utilizzata per creare prototipi e prodotti per una varietà di settori, tra cui automobilistico, aerospaziale, medico e prodotti di consumo.

- L'uso della stampa 3D per la prototipazione e lo sviluppo del prodotto ha avuto un impatto significativo sulla crescita del business e sulle start-up. Utilizzando la stampa 3D, le aziende possono creare rapidamente ed economicamente prototipi e prodotti che vengono testati eperfezionati prima di entrare in produzione. Ciò consente alle aziende di immettere i propri prodotti sul mercato più velocemente, riducendo i tempi e i costi associati ai metodi di produzione tradizionali.

- La stampa 3D consente inoltre alle aziende di creare prodotti personalizzati su misura per le esigenze dei propri clienti. Ciò consente alle aziende di creare prodotti unici che vengono venduti a un prezzo premium, aumentando i loro profitti.

- La stampa 3D viene anche utilizzata per creare parti e componenti difficili o impossibili da produrre utilizzando metodi di produzione tradizionali per le aziende per ridurre i costi e aumentare l'efficienza, con conseguente aumento dei profitti.

La stampa 3D viene utilizzata per creare prodotti più rispettosi dell'ambiente in modo che le aziende possano ridurre la loro dipendenza dai materiali tradizionali e creare prodotti più sostenibili per le aziende per ridurre il loro impatto ambientale e aumentare la loro sostenibilità.

Robotica per automatizzare i processi produttivi.

La robotica è un settore in rapida crescita che starivoluzionando l'industria manifatturiera. La robotica viene utilizzata per automatizzare i processi, ridurre i costi e aumentare l'efficienza. La robotica ha il potenziale per rivoluzionare il modo in cui le aziende operano e crescono, oltre a creare nuove opportunità per le start-up.

- I robotpossono essere utilizzati per automatizzare i processi di produzione, come l'assemblaggio, l'imballaggio e lo smistamento. L'automazione riduce i costi di manodopera, aumenta l'efficienza e migliora la qualità dei prodotti. L'automazione riduce anche la necessità di lavoro manuale, liberando risorse per concentrarsi su altre aree del business e riducendo il rischio di errore umano, portando a meno difetti e maggiore soddisfazione del cliente.

- La robotica viene utilizzata per migliorare l'accuratezza e la velocità della produzione che vengono utilizzate per monitorare e controllare i processi di produzione, garantendo che i prodotti siano realizzati con la massima qualità e precisione. La robotica viene utilizzata per monitorare e analizzare i dati, consentendo alle aziende di prendere decisioni più informate e migliorare le loro operazioni.

- La robotica viene utilizzata per migliorare il servizio clienti e per automatizzare le attività del servizio clienti, come rispondere alle richieste dei clienti, prendere ordini ed elaborare i pagamenti. Ciò riduce i tempi e i costi associati al servizio clienti, portando a una maggiore soddisfazione del cliente.

La robotica viene utilizzata per migliorare la sicurezza sul posto di lavoro per monitorare e controllare ambienti pericolosi, riducendo il rischio di incidenti e lesioni, per monitorare e controllare macchinari pericolosi, garantendo che siano utilizzati in modo sicuro ed efficiente.

Realtà aumentata per creareesperienze cliente interattive.

La realtà aumentata (AR) è una tecnologia che consente agli utenti di interagire con i contenuti digitali nel mondo fisico. Ha il potenziale per rivoluzionare il modo in cui le aziende interagiscono con i clienti e creare esperienze interattive. L'AR viene utilizzata per creare esperienze coinvolgenti e coinvolgenti che aiutano le aziende a crescere e le start-up a distinguersi dalla concorrenza.

- L'AR viene utilizzata per creare esperienze interattive su misura per le esigenze del cliente. Ad esempio, un negozio al dettaglio può utilizzare l'AR per consentire ai clienti di provare virtualmente vestiti o accessori prima di acquistarli. Questo aiuta i clienti a prendere decisioni informate e ad aumentare la probabilità di un acquisto. L'AR viene anche utilizzata per creare esperienze interattive adattate agli interessi del cliente. Ad esempio, un ristorante può utilizzare l'AR per consentire ai clienti di esplorare il menu e saperne di più sui piatti prima di ordinare. Un altro esempio è un hotel che può utilizzare l'AR per creare un tour virtuale dell'hotel e dei suoi servizi per i clienti per ottenere una migliore comprensione dell'hotel e dei suoi servizi e renderli più propensi a prenotare un soggiorno.

- L'AR viene anche utilizzata per creare un'esperienza interattiva che consente ai clienti di esplorare i prodotti e i servizi dell'azienda e aiutare i clienti a comprendere meglio l'azienda e le sue offerte e renderli più propensi a investire nella start-up.

La realtà aumentata ha il potenziale per rivoluzionare il modo in cui le aziende interagiscono con i clienti e creare esperienze interattive con esperienze immersive e coinvolgenti

IoT per monitorare e controllare i dispositivi da remoto.

L'Internet of Things (IoT) è una tecnologia in rapida crescita che sta rivoluzionando il modo in cui le aziende operano. L'IoT è la rete di oggetti fisici, come dispositivi, veicoli ed edifici, che sono connessi a Internet e possono raccogliere e scambiare dati. I dispositivi IoT vengono utilizzati per monitorare e controllare i dispositivi da remoto, consentendo alle aziende di ottenere informazioni dettagliate sulle loro operazioni e prendere decisioni migliori. Questa tecnologia ha il potenziale per guidare la crescita del business e creare nuove opportunità per le start-up

- L'IoT ha il potenziale per guidare la crescita del business fornendo alle aziende dati e approfondimenti in tempo reale sulle loro operazioni. Collegando dispositivi e sistemi, le aziende ottengono informazioni dettagliate sulle loro operazioni e prendono decisioni migliori. Ad esempio, le aziende possono utilizzare l'IoT per monitorare i livelli di inventario, tenere traccia delle tendenze dei clienti e ottimizzare la supply chain. L'IoT può anche essere utilizzato per automatizzare i processi e ridurre i costi, consentendoalle imprese di diventare più efficienti e competitive.

- L'IoT ha il potenziale per creare nuove opportunità per le start-up. Collegando dispositivi e sistemi, le start-up sviluppano prodotti e servizi innovativi che vengono utilizzati per migliorare l'esperienza del cliente e guidare la crescita del business.

Mentre l'IoT ha il potenziale per guidare la crescita del business e creare nuove opportunità per le start-up, ci sono anche sfide e opportunità ad esso associate. La sicurezza è una delle principali preoccupazioni, poiché i dispositivi IoT sono vulnerabili ai cyberattin quanto vi sono problemi di privacy associati alla raccolta e all'uso dei dati.

Intelligenza artificiale per automatizzare il servizio clienti.

L'intelligenza artificiale (AI) è una tecnologia in rapida crescita che sta rivoluzionando il modo in cui le aziende interagiscono coni clienti. L'automazione del servizio clienti basata sull'intelligenza artificiale sta diventando sempre più popolare tra le aziende e le start-up, in quanto offre un modo più efficiente ed economico per fornire un servizio clienti. L'automazione del servizio clienti basata sull'intelligenza artificiale aiuta le aziende e le start-up a migliorare la soddisfazione dei clienti, ridurre i costi e aumentare le entrate.

- L'automazione del servizio clienti basata sull'intelligenza artificiale viene utilizzata per automatizzare le attività del servizio clienti come rispondere alle richieste dei clienti, fornire assistenza clienti e gestire i reclami dei clienti per fornireesperienze di assistenza clienti personalizzate utilizzando l'elaborazione del linguaggio naturale (NLP) per comprendere le domande dei clienti e fornire risposte pertinenti. L'automazione del servizio clienti basata sull'intelligenza artificiale viene utilizzata anche per automatizzare i processi del servizio clienti come l'elaborazione degli ordini, l'elaborazione dei pagamenti e l'onboarding dei clienti.

L'uso dell'automazione del servizio clienti basata sull'intelligenza artificiale aiuta le aziende e le start-up a migliorare la soddisfazione dei clienti fornendo un servizio clienti più rapido e accurato per ridurre i costi automatizzando le attività del servizio clienti, il che aiuta a ridurre la necessità di lavoro manuale e ad aumentare le entrate fornendo esperienze di assistenza clienti personalizzate e aumentando anche la fedeltà dei clienti.

Analisi predittiva per anticipare le esigenze dei clienti.

L'analisi predittiva è uno strumento potente che aiuta le aziende ad anticipare le esigenze dei clienti e prendere decisioni migliori. Utilizza approfondimenti basati sui dati per identificare modelli e tendenze nel comportamento dei clienti, consentendo alle aziende di anticipare le esigenze dei clienti e prendere decisioni che porteranno a un aumento delle vendite e della soddisfazione dei clienti. L'analisi predittiva può anche essere utilizzata per identificare opportunità di crescita e innovazione, aiutando le start-up a stare al passo con la concorrenza.

- L'analisi predittiva viene utilizzata peridentificare le preferenze dei clienti e anticiparne le esigenze. Analizzando i dati dei clienti, le aziende possono identificare modelli nel comportamento dei clienti e utilizzare queste informazioni per creare campagne di marketing mirate e offerte di prodotti per comprendere meglio i loro clienti e creareesperienze più personalizzate.

- L'analisi predittiva viene utilizzata anche per identificare opportunità di crescita e innovazione identificando le aree di crescita potenziale e sviluppando strategie per capitalizzare su di esse per stare al passo con la concorrenza e aumentare la propria quota di mercato.

L'analisi predittivaviene utilizzata per identificare potenziali rischi e opportunità. Analizzando i dati dei clienti, le aziende possono identificare potenziali rischi e sviluppare strategie per mitigarli e ridurre l'esposizione al rischio e aumentare la redditività.

Processo in linguaggio naturaleper comprendere le richieste dei clienti.

L'elaborazione del linguaggio naturale (NLP) è una branca dell'intelligenza artificiale che si occupa della comprensione e dell'interpretazione del linguaggio umano. Viene utilizzato per analizzare testo, parlato e altre forme di linguaggio naturale. NLP è utilizzatoin una varietà di applicazioni, tra cui il servizio clienti, l'ottimizzazione dei motori di ricerca e l'assistenza clienti automatizzata.

- L'NLP viene utilizzato per comprendere le domande dei clienti e fornire un servizio clienti migliore per ottenere informazioni sulle esigenze e le preferenze dei clienti per aiutare le aziende a personalizzare i loro prodotti e servizi per soddisfare meglio le esigenze dei clienti. L'NLP viene utilizzato per identificare il sentimento dei clienti, che aiuta le aziende a comprendere meglio la soddisfazione del cliente.

- La PNL viene utilizzata per migliorare l'ottimizzazione dei motori di ricerca (SEO). Analizzando le query dei clienti, le aziende possono identificare le parole chiave e le frasi utilizzate nelle query dei clienti e ottimizzare i loro contenuti per quei termini per le aziende per posizionarsi più in alto nei risultati dei motori di ricerca, con conseguente aumento del traffico e dei potenziali clienti.

NLP è utilizzato per automatizzare l'assistenza clienti. Analizzando le query dei clienti, le aziende possono creare risposte automatizzate in grado di fornire ai clienti risposte alle loro domande per risparmiare tempo e denaro riducendo la necessità di assistenza clienti manuale. Le aziende possono identificare le aree in cui i clienti hanno difficoltà e affrontare tali problemi per migliorare la soddisfazione e la fedeltà dei clienti e risparmiare tempo e denaro.

Tecnologia di riconoscimento facciale per migliorare la sicurezza.

La tecnologia di riconoscimento facciale è una tecnologia in rapida evoluzione che viene utilizzata per migliorare la sicurezza e lo sviluppo del business per le piccole imprese e le start-up. Questa tecnologia utilizza algoritmi di riconoscimento facciale per identificare le persone in base alle loro caratteristiche facciali. Viene utilizzato in una varietà di settori, tra cui vendita al dettaglio, banche, assistenza sanitaria e governo.

- La tecnologia di riconoscimento facciale viene utilizzata per migliorare la sicurezza fornendo un ulteriore livello di autenticazione per l'accesso ad aree o dati sensibili. Viene utilizzato anche per identificare potenziali minacce o attività sospette, come l'accesso non autorizzato a un edificio o a un sistema informatico, e per identificare clienti o dipendenti al fine di fornire servizi personalizzati o tenere traccia delle loro attività.

Utilizzando la tecnologia di riconoscimento facciale, le aziende identificano i potenziali clienti e li indirizzano con campagne di marketing personalizzate per aumentare il coinvolgimento e la fedeltà dei clienti per aumentare le vendite.

Portafogli digitali per facilitare i pagamenti.

I portafogli digitali stanno diventando sempre più popolari come un modo per facilitarei pagamenti per le piccole imprese e le start-up. I portafogli digitali consentono alle aziende di accettare pagamenti in modo rapido e sicuro, senza la necessità di contanti o carte di credito. Ciò rende più facile per i clienti effettuare pagamenti e può aiutare le aziende ad aumentare le loro vendite efar crescere la loro base di clienti.

- L'uso di portafogli digitali aiuta le piccole imprese e le start-up a ridurre i costi associati all'elaborazione dei pagamenti. Utilizzando i portafogli digitali, le aziende evitano le commissioni associate ai metodi di pagamento tradizionali, come carte di credito e contanti che aiutano le aziende a risparmiare denaro sulle commissioni di transazione, che possono essere utilizzate per investire in altre aree del business.

- I portafogli digitali rendono anche più facile per le aziende tenere traccia delle vendite e dei dati dei clienti. Utilizzando i portafogli digitali, le aziende possono accedere facilmente alle informazioni sui clienti e monitorare le vendite in tempo reale per aiutare le aziende a comprendere meglio i propri clienti e prendere decisioni più informate sulla propria attività.

I portafogli digitali offrono anche alle aziende una maggiore sicurezza. Leaziende proteggono i dati dei loro clienti e garantiscono che i loro pagamenti siano sicuri per aiutare le aziende a creare fiducia con i loro clienti per aumentare i loro clienti.

Assistenti virtuali per automatizzare il servizio clienti.

Nel mondo moderno, il servizio clienti è una componente criticadi qualsiasi azienda. È la chiave per la soddisfazione e la fedeltà del cliente e può creare o distruggere un'azienda. Pertanto, le aziende di tutte le dimensioni stanno investendo in assistenti virtuali per automatizzare il servizio clienti e migliorare la loro esperienza cliente e. Gli assistenti virtuali sono chatbot basati sull'intelligenza artificiale in grado di gestire le richieste dei clienti, fornire supporto e persino elaborare gli ordini. Stanno diventando sempre più popolari tra le piccole imprese e le start-up come un modo economico per fornire un servizio clienti

- Gli assistenti virtualioffrono una serie di vantaggi alle piccole imprese e alle start-up. Aiutano a ridurre i costi, migliorare il servizio clienti e aumentare l'efficienza. Gli assistenti virtuali sono un modo economico per fornire assistenza clienti. Non richiedono alcun st aff aggiuntivo e possono essere configurati rapidamente e facilmente. Ciò può aiutare a ridurre i costi generali e liberare risorse per altre aree dell'azienda.

- Gli assistenti virtuali forniscono un servizio clienti 24 ore su 24, 7 giorni su 7, che può aiutare a migliorare la soddisfazione e la fedeltà dei clienti. Sono inoltre personalizzati per fornire un servizio personalizzato e possono essere programmati per rispondere alle domande comuni dei clienti.

- Gli assistenti virtuali automatizzano le attività banali, come l'elaborazione degli ordini e le richieste dei clienti per liberare risorse e consentire al personale di concentrarsi su attività più importanti.

Gli assistenti virtuali hanno un impatto positivo sullo sviluppo del business per le piccole imprese e le start-up. Aiutano a ridurre i costi, migliorare il servizio clienti e aumentare l'efficienza. Ciò ha portato a un aumento delle vendite, a una maggiore soddisfazione dei clienti e a un migliore riconoscimento del marchio.

Strumenti di visualizzazione dei dati per ottenere informazioni dettagliate

La visualizzazione dei dati è un potente strumento per ottenere informazioni dai dati ed è diventata sempre più popolare negli ultimi anni. Viene utilizzato per presentare i dati in un formato visivo, rendendoli più facilida comprendere e interpretare. La visualizzazione dei dati viene utilizzata per identificare le tendenze, individuare valori anomali e ottenere informazioni dettagliate sul comportamento dei clienti.

- Gli strumenti di visualizzazione dei dati sono utilizzati dalle piccole imprese e dalle start-up per ottenere informazioni sulla loro base di clienti, sulle tendenze del mercato e sulle prestazioni dei prodotti. Visualizzando i dati, le aziende identificano rapidamente le aree di opportunità e i potenziali rischi per aiutarli a prendere decisioni migliori e sviluppare strategie per aumentare le vendite e i profitti.

- Gli strumenti di visualizzazione dei dati vengono utilizzati per monitorare il coinvolgimento dei clientie tenere traccia del feedback dei clienti. Questo può aiutare le aziende a capire cosa cercano i loro clienti e come possono migliorare i loro prodotti e servizi. Gli strumenti di visualizzazione dei dati vengono utilizzati per analizzare i dati dei clienti e identificare i miglioramenti.

- Gli strumenti di visualizzazione dei dati vengono utilizzati anche per identificare potenziali aree di crescita. Visualizzando i dati, le aziende identificano rapidamente le opportunità di espansione e identificano nuovi mercati a cui rivolgersi. Questo li aiuta a sviluppare strategie per aumentare i loro clienti e aumentare i loro ricavi.

Gli strumenti di visualizzazione dei dati vengono utilizzati anche per tracciare il comportamento dei clienti e identificare i segmenti di clienti. Questo aiuta le aziende a comprendere meglio i propri clienti e a sviluppare campagne di marketing mirate. Inoltre,gli strumenti di visualizzazione da ta possono essere utilizzati per identificare le tendenze dei clienti e sviluppare strategie per capitalizzarle.

CAPITOLO TREDICI

Sviluppare una strategia di servizio clienti

Il servizio clienti è una parte essenziale di qualsiasi azienda, indipendentemente dalle dimensioni. È il fondamento della fedeltà e della soddisfazione dei clienti e può avere un impatto significativo sul successo di una piccola impresa o start-up. Lo sviluppo di una strategia di servizio clienti è un passo importante per garantire che i clienti abbiano un'esperienza positiva con la tua attività.

- Il primo passo nello sviluppo di una strategia di servizio clienti è identificare gli obiettivi della strategia. Cosa vuoi ottenere con la tua strategia di servizio clienti? Vuoi aumentare la soddisfazione del cliente? Incaffezionare i clienti? Aumentare le vendite? Identificare i tuoi obiettivi ti aiuterà a sviluppare una strategia su misura per la tua azienda e le sue esigenze.

- Una volta identificati i tuoi obiettivi, il passo successivo è creare un team di assistenza clienti. Questo team dovrebbe essere compostoda persone che hanno le competenze e l'esperienza necessarie per fornire un eccellente servizio clienti. È importante assicurarsi che il team sia ben addestrato e ben informato sui tuoi prodotti e servizi. È importante assicurarsi che il team sia dotato degli strumenti e delle risorse necessarie per fornire un servizio clienti efficace.

- Una volta creato un team di assistenza clienti, il passo successivo è sviluppare un processo per fornire il servizio clienti. Questo processo dovrebbe includere passaggi per rispondere alle richieste dei clienti, risolvere i reclami dei clienti e fornire feedback. Dovrebbe includere passaggi per monitorare la soddisfazione del cliente e risolvere eventuali problemi che si presentano.

Oltre a sviluppare un processo per fornire il servizio clienti, è importante sviluppare un piano di comunicazione. Questo piano dovrebbe includere strategie per comunicare con i clienti, come e-mail, telefono e social media. Dovrebbe anche includere strategie per rispondere alle domande dei clienti.

CAPITOLO QUATTORDICI

Creare una rete di partner e fornitori

La creazione di una rete di partner e fornitori per le piccole imprese e le start-up è un passo fondamentale per il successo di qualsiasi azienda. Avere una forte rete di partner e fornitori può aiutare un'azienda a crescere e avere successo. Fornisce accesso a risorse, contatti e competenze che possono essere inestimabili. Ecco alcuni suggerimenti su come creare una rete di partner e fornitori per piccole imprese e start-up.

- **Identifica le tue esigenze**: prima di iniziare a costruire la tua rete, è importante identificare le tue esigenze. Di che tipo di partner e fornitori hai bisogno? Di che tipo di servizi hai bisogno? Di che tipo di competenze hai bisogno? Sapere di cosa hai bisogno ti aiuterà a restringere la ricerca e renderà più facile trovare i partner e i fornitori.

- **Ricerca potenziali partner e fornitori**: una volta identificate le tue esigenze, è il momento di iniziare a ricercare potenziali partner e fornitori. Cerca aziende che offrano servizi e competenze che soddisfino le tue esigenze. Controlla i siti Web IR, leggi le recensioni e parla con altre aziende che hanno utilizzato i loro servizi.

- **Raggiungi**: una volta identificati potenziali partner e fornitori, è il momento di contattarli. Contattali e spiega di cosa hai bisogno e perché pensi che sarebbero adatti. Fai domande e assicurati di ascoltare le loro risposte.

- **Negoziare i termini**: una volta trovati i partner e i fornitori giusti, è il momento di negoziare i termini. Assicurati di aver compreso i termini dell'accordo e di sentirti a tuo agio con loro.

- **Costruire relazioni**: una volta stabiliti i termini dell'accordo, è importante costruire relazioni con i partner e i fornitori. Prenditi il tempo per conoscerli e la loro attività. Ciò contribuirà a garantire che tu abbia una relazione forte e duratura.

CAPITOLO QUINDICI

Sviluppare un sistema per tenere traccia dei progressi

Il monitoraggio dei progressi è una parte importante di qualsiasi azienda, in particolare per le piccole imprese e le start-up, al fine di misurare il loro successo e identificare le aree di miglioramento.

- **Identificare gli obiettivi:** il primo passo nello sviluppo di un sistema per tenere traccia dei progressi è identificare gli obiettivi dell'azienda per garantire che il sistema sia adattato alle esigenze specifiche dell'azienda. Gli obiettivi dovrebbero essere specifici, misurabili, raggiungibili, realistici e rispettosi di tempo.

- **Stabilire metriche**: una volta identificati gli obiettivi, il passo successivo è stabilire metriche che possono essere utilizzate per misurare i progressi verso tali obiettivi. Queste metriche dovrebbero essere scelte in base agli obiettivi e dovrebbero essere misurabili e attuabili.

- **Identificaregli indicatori di prestazione Key:** è importante identificare gli indicatori chiave di prestazione (KPI) che verranno utilizzati per misurare i progressi. I KPI dovrebbero essere scelti in base agli obiettivi che sono stati impostati e dovrebbero essere utilizzati per tenere traccia dei progressi nel tempo.

- **Stabilire** un sistema di reporting: una volta identificati i KPI, è importante stabilire un sistema di reporting che verrà utilizzato per tenere traccia dei progressi. Questo sistema dovrebbe includere relazioni periodiche generate su base regolare, ad esempio settimanalmente o mensilmente. Tali relazioni dovrebbero includere dati sugli indicatori chiave di prestazione identificati e dovrebbero essere utilizzate per misurare i progressi nel tempo.

- **Impostare un sistema di tracciamento:** il passaggio successivo consiste nell'impostare un sistema di tracciamento. Questo può essere fatto utilizzando un foglio di calcolo o un programma software. Il sistema di monitoraggio dovrebbe includere le metriche che sono state stabilite e dovrebbe essere aggiornato regolarmente.

- **Monitorare i progressi:** una volta impostato il sistema di tracciamento , è importante monitorare regolarmente i progressi. Questo può essere fatto rivedendo regolarmente il sistema di tracciamento e apportando le modifiche necessarie.

- **Agire:** una volta che i progressi sono stati monitorati, è importante agire per garantire che gli obiettivi vengano raggiunti. Ciò può includere modifiche al modello di business, adeguare i KPI o implementare nuove strategie. Agire è essenziale per garantire che l'azienda sia sulla buona strada per raggiungere i suoi obiettivi.

- **Apportare modifiche:** se il sistema tracking indica che non sono stati compiuti progressi, è importante apportare modifiche. Ciò potrebbe includere la modifica degli obiettivi, delle metriche o del sistema di monitoraggio.

Lo sviluppo di un sistema per tenere traccia dei progressi è una parte importante della gestione di un'azienda di successo, specialmenteper le piccole imprese e le start-up. La presente relazione ha delineato i passi necessari a tal fine.

CAPITOLO SEDICI

Creare un sistema per la gestione dei rischi

Le piccole imprese e le start-up devono spesso affrontare una serie di rischi che possono avere un impatto significativo sulle loro operazioni. Gestire questi rischi può essere un compito difficile e dispendioso in termini di tempo, ma è essenziale per il successo dell'azienda. Questo rapporto delinea un sistema per la gestione del rischio per le piccole imprese e le start-up.

- **Identificare irisultati:** il primo passo nella creazione di un sistema per la gestione del rischio per le piccole imprese e le start-up consiste nell'identificare i rischi associati all'impresa. Ciò include l'identificazione di potenziali rischi come rischi finanziari, operativi, legali e ambientali. Una volta identificati i rischi, è possibile classificarli e classificarli in ordine di priorità in base al loro potenziale impatto sul business.

- **Valutare i rischi:** una volta identificati i rischi, il passo successivo è valutare i rischi. Ciò comporta la valutazione dell'impatto potenziale dei rischi e la determinazione della probabilità che i rischi si verifichino, la probabilità che il rischio si verifichi, la gravità dell'impatto potenziale e il costo della mitigazione del rischio. Questa analisi aiuterà a individuare quali rischi devono essere affrontati per primi e quali possono essere gestiti con una priorità inferiore.

- **Sviluppare un piano di gestione del rischio:** una volta identificati e valutati i rischi, il passo successivo è sviluppare un piano di gestione del rischio. Questo piano dovrebbe includere strategie per mitigare i rischi, come lo sviluppo di politiche e procedure, l'attuazione di controlli e l'istituzione di un team di gestione del rischio.

- **Implementare il piano di gestione dei rischi:** dopo aver sviluppato il piano di gestione dei rischi, il passo successivo consiste nell'implementare il piano. Ciò comporta l'attuazione del piano, come lo sviluppo di politiche e procedure, l'attuazione di controlli e l'istituzione di un team di gestione del rischio. Il piano dovrebbe inoltre includere misure per monitorare il rischio e garantirne la gestione efficace.

- **Monitorare e rivedere il piano di gestione dei rischi:** una volta implementato il piano di gestione dei rischi, il passo successivo consiste nel monitorare e **rivedere il piano**. Ciò può essere fatto rivedendo regolarmente la valutazione e l'analisi del rischio, nonché monitorando l'attuazione del piano di mitigazione del rischio. Ciò contribuirà a garantire che il rischio venga gestito in modo efficace e che vengano affrontati eventuali cambiamenti nell'ambiente di rischio.

- **Comunicare il piano di gestione del rischio: il** passo finale nella creazione di un sistema per la gestione del rischio per le piccole imprese e le start-up è comunicare il piano di gestione del rischio. Ciò comporta assicurarsi che tutte le parti interessate siano consapevoli del piano e comprendano i loro ruoli e responsabilità.

CAPITOLO DICIASSETTE

Sviluppare un sistema per la gestione delle relazioni con i clienti

Qui stiamo parlando dei passaggi per sviluppare un sistema per la gestione delle relazioni con i clienti per le piccole imprese e le start-up. Descriviamo le caratteristiche chiave del sistema, i vantaggi dell'utilizzo del sistema e le potenziali sfide che possono sorgere durante il processo di sviluppo.

Il sistema di gestione delle relazioni con i clienti dovrebbe includere le seguenti caratteristiche chiave:

- Il database dei clienti memorizza le informazioni sui clienti come i dettagli di contatto, le preferenze e la cronologia **degli acquisti.**

- Sistema di gestione delle relazioni con i clienti (CRM) che consente alle aziende di tenere traccia delle interazioni con i clienti e costruire relazioni con i clienti.

- Sistema di assistenza clienti che consente alle aziende di rispondere rapidamente alle richieste e ai reclami dei clienti.

- Sistemadi automazione che consente alle aziende di creare e gestire campagne, monitorare il coinvolgimento dei clienti e misurare l'efficacia delle campagne.

- Un sistema di analisi che consente alle aziende di monitorare il comportamento dei clienti e identificare le tendenze.

Un sistema per la gestione delle relazioni con i clienti fornirà i seguenti vantaggi alle piccole imprese e alle start-up:

- **Miglioramento del servizio clienti**: il sistema consentirà alle aziende di rispondere rapidamente alle richieste e ai reclami dei clienti, con conseguente miglioramento della soddisfazione dei clienti.

- **Maggiore fidelizzazione dei clienti**: il sistema consentirà alle aziende di monitorare le interazioni con i clienti e costruire relazioni con i clienti, con conseguente aumento della fedeltà dei clienti.

- **Aumento delle vendite**: il sistema consentirà alle aziende di creare e gestire campagne, monitorare il coinvolgimento dei clienti e misurare l'efficacia delle campagne, con conseguente aumento delle vendite.

- **Miglioramento del processo decisionale**: il sistema consentirà alle aziende di monitorare il comportamento dei clienti eidentificare le tendenze, con conseguente miglioramento del processo decisionale.

Lo sviluppo di un sistema per la gestione delle relazioni con i clienti avrà le seguenti potenziali sfide:

- **Costo**: il costo di sviluppo del sistema può essere proibitivo per alcune piccole imprese e start-up.

- **Complessità:** il sistema può essere complesso da implementare e gestire, richiedendo conoscenze e risorse specializzate.

- **Sicurezza**: il sistema deve essere sicuro per proteggere i dati dei clienti da accessi non autorizzati.

Il sistema di gestione delle relazioni con i clienti consentirà alle imprese di migliorare il servizio clienti, aumentare la fedeltà dei clienti, aumentare le vendite e migliorare il processo decisionale. Lo sviluppo del sistema può essere soggetto a potenziali sfide quali costi, complessità e sicurezza.

CAPITOLO DICIOTTO

Sviluppare un sistema per la gestione delle relazioni con i dipendenti

Le relazioni con i dipendenti sono una parte importante di qualsiasi azienda, specialmente per le piccole imprese e le start-up. Un buon sistema per la gestione delle relazioni con i dipendenti può aiutare a garantire che i dipendenti siano felici e produttivi e che l'azienda funzioni senza intoppi. Ecco alcuni punti per la gestione delle relazioni con i dipendenti per le piccole imprese e le start-up.

- Migliorare la comunicazione tra dipendenti e management.

- Creare un ambiente di lavoro positivo.

- Promuovere la veritàe il rispetto tra dipendenti e management.

- Aumenta il coinvolgimento e la produttività dei dipendenti.

- Ridurre il turnover dei dipendenti.

Il sistema di gestione delle relazioni con i dipendenti per le piccole imprese e le start-up dovrebbe includere i seguenti componenti:

- **Comunicazione aperta**: stabilire linee di comunicazione aperte tra dipendenti e management è essenziale. Questo può essere fatto attraverso riunioni regolari, sessioni di feedback e sondaggi.

- **Riconoscimento dei dipendenti**: riconoscere e premiare i dipendenti per il loro duro lavoro e la loro dedizione sono importanti per creare un ambiente di lavoro positivo. Questo può essere fatto attraverso premi, bonus e altri incentivi.

- **Formazione e sviluppo**: fornire ai dipendenti le necessarie opportunità di formazione e sviluppo è fondamentale per promuovere la fiducia e il rispetto tra i dipendenti e la direzione. Questo può essere fatto attraverso workshop, seminari e altre opportunità di apprendimento.

- **Coinvolgimento dei dipendenti**: incoraggiare i dipendenti a impegnarsi nel loro lavoro è importante per aumentare la produttività. Questo può essere fatto attraverso attività di team building, eventi sociali e altre attività.

- **Gestione delle prestazioni**: stabilire un sistema per la gestione delle prestazioni è essenziale per garantire che i dipendenti raggiungano i loro obiettivi e obiettivi. Questo può essere fatto attraversoregolari revisioni delle prestazioni e sessioni di feedback.

Un sistema per la gestione delle relazioni con i dipendenti per le piccole imprese e le start-up è essenziale per garantire che i dipendenti siano felici e produttivi e che l'azienda funzioni senza intoppi. Questo delinea un sistema per la gestione delle relazioni con i dipendenti per le piccole imprese e le start-up che include comunicazione aperta, riconoscimento dei dipendenti, formazione e sviluppo, coinvolgimento dei dipendenti e gestione delle prestazioni. L'implementazione di questo sistema aiuta a migliorare la comunicazione, creare un ambiente di lavoro positivo, promuovere la fiducia e il rispetto, aumentare il coinvolgimento e la produttività dei dipendenti, ridurre il turnover dei dipendenti e migliorare il servizio clienti.

CAPITOLO DICIANNOVE

Creare un sistema per la gestione dell'inventario

Le piccole imprese e le start-up spesso hanno difficoltà a gestire il loro inventario. Senza il giusto sistema, può essere difficile tenere traccia di ciò che è in magazzino, ciò che deve essere ordinato e quando gli articoli devono essere riforniti. I punti delineano un sistema per la gestione dell'inventario per le piccole imprese e le start-up che sia conveniente, facile da usare ed efficiente.

Il primo passo nella creazione di un sistema di gestione dell'inventario è determinare la soluzione più economica. Per le piccole imprese e le start-up, questo spesso significa utilizzare software o hardware esistente che è già disponibile. Ad esempio, i software basati su cloud possono essere utilizzati per tenere traccia dei livelli di inventario, degli ordini e delle vendite. Gli scanner di codici a barre e i lettori RFID possono essere utilizzati per monitorare in modo rapido e preciso i livelli di inv.

Il prossimo passo è garantire che il sistema sia facile da usare. Ciò significa che il software o l'hardware dovrebbero essere intuitivi e facili da usare. Il sistema dovrebbe essere in grado di integrarsi con i sistemi e i processi esistenti, come i sistemi di contabilità o isistemi di punti vendita.

Il sistema dovrebbe essere efficiente. Ciò significa che dovrebbe essere in grado di monitorare rapidamente e con precisione i livelli di inventario, gli ordini e le vendite. Il sistema dovrebbe essere in grado di generare report e avvisi quando i livelli di inventario sono bassi o quandon articoli devono essere riforniti.

La creazione di un sistema per la gestione dell'inventario per le piccole imprese e le start-up è essenziale per il successo. Utilizzando soluzioni convenienti, assicurando che il sistema sia facile da usare e assicurandosi che sia efficiente, le imprese possono garantire che il loro inventario sia gestito correttamente.

CAPITOLO VENTI

Gestione del feedback dei clienti

Il feedback dei clienti è una risorsa inestimabile per le piccole imprese e le start-up. Fornisce preziose informazioni sulla soddisfazione del cliente , sulla qualità del prodotto e sul servizio clienti. Gestendo efficacemente il feedback dei clienti, le aziende identificano le aree di miglioramento e adottano le misure necessarie per garantire la soddisfazione del cliente.

Di seguito sono riportati alcuni suggerimenti per la gestione del feedba ck dei clientiper le piccole imprese e le start-up:

Stabilire un sistema per la raccolta del feedback dei clienti:

Il primo passo nella gestione del feedback dei clienti è stabilire un sistema per la raccolta dei feedback dei clienti. Ciò potrebbe includere sondaggi, chiamate al servizio clienti,revisioni online o altri metodi.

Metodi per raccogliere il feedback dei clienti

- **Sondaggi:** i sondaggi sono uno dei modi più popolari per raccogliere il feedback dei clienti. I sondaggi possono essere distribuiti online o di persona e possono essere utilizzati per raccogliere feedback su una varietà di argomenti, come la soddisfazione del cliente, la qualità del prodotto o del servizio e l'esperienza del cliente.

- **Focus group:** I focus group sono un ottimo modo per ottenere feedback diretti dai clienti. I focus group prevedono la riunione di un piccolo gruppo di clienti per discutere di un particolare prodotto o servizio. Questo tipo di feedback può essere prezioso per comprendere le esigenze e le preferenze dei clienti.

- **Interviste:** le interviste sono un altro ottimo modo per raccogliere il feedback dei clienti. Le interviste possono essere condotte di persona o per telefono e possono essere utilizzate per ottenere una migliore comprensione delle esigenze e delle preferenze dei clienti.

- **Recensioni online:** le recensioni online sono un ottimo modo per ottenere il feedback dei clienti. I clienti possono pubblicare recensioni su siti Web come Yelp, Google e Facebook, che possono essere utilizzate per ottenere preziose informazioni sulle esperienze dei clienti.

- **Social media:** i social media sono un ottimo modo per raccogliere il feedback dei clienti. I clienti possono pubblicare commenti e recensioni su piattaforme di social media come Twitter, Facebook e Instagram, che possono essere utilizzate per ottenere preziose informazioni sulle esperienze dei clienti.

- **Servizio clienti:** il servizio clienti è un ottimo modo per raccogliere il feedback dei clienti. I clienti possono inviare feedback tramite canali di assistenza clienti come telefono, e-mail e chat dal vivo, che possono essere utilizzati per ottenere preziose informazioni sulle esperienze dei clienti.

Monitora regolarmente il feedback dei clienti:

Una volta stabilito un sistema per la raccolta del feedback dei clienti, è importante monitorare regolarmente il feedback dei clienti. Ciò contribuirà a identificare eventuali tendenze o modelli nel feedback dei clienti che possono essere affrontati.

Rispondi al feedback dei clienti:

Una volta raccolto il feedback dei clienti, è importante rispondere in modo tempestivo. Ciò potrebbe includere affrontare i reclami dei clienti, ringraziare i clienti per il loro feedback o offrire soluzioni ai problemi.

Analizza il feedback dei clienti:

Una volta raccolto e risposto al feedback dei clienti, è importante analizzare il feedback per identificare eventuali tendenze o modelli. Ciò contribuirà a identificare le aree in cui l'azienda può migliorare.

Agire:

Una volta analizzato il feedback dei clienti, è importante agire per risolvere eventuali problemi identificati. Ciò potrebbe includere modifiche a prodotti o servizi, migliorare il servizio clienti o implementare nuove politiche.

Seguito:

Infine, è importante seguire i clienti per garantire che il loro feedback sia stato affrontato e che tutte le modifiche apportate siano efficaci. Ciò contribuirà a garantire che i clienti siano soddisfatti del business e che il loro feedback sia preso sul serio.

Seguendo questi suggerimenti, le piccole imprese e le start-up possono gestire efficacemente il feedback dei clienti e garantire la soddisfazione dei clienti. Ciò contribuirà a fidelizzare i clienti e ad aumentare le vendite.

CAPITOLO VENTUNO

Sviluppare un sistema per la gestione dei dati dei clienti

Le piccole imprese e le start-up devono gestire i dati dei clienti per rimanere competitive e massimizzare i profitti. I dati dei clienti sono la linfa vitale di qualsiasi azienda ed è essenziale disporre di un sistema per archiviare e gestire questi dati in modo efficace.

Il primo passo nella gestione dei dati dei clienti è raccoglierli. Questo può essere fatto attraverso una varietà di metodi, come sondaggi, moduli di feedback dei clienti e iscrizioni online. Una volta raccolti, i dati devono essere archiviati in un database sicuro. Questo può essere fatto utilizzando un sistema di gestione delle relazioni con i clienti (CRM), che è un programma software progettato per memorizzare e gestirle informazioni sui clienti.

Una volta archiviati, i dati devono essere organizzati. Questo può essere fatto creando profili cliente, che sono record dettagliati delle informazioni di ciascun cliente. Questi profili possono includere informazioni di contatto, cronologia degli acquisti, preferenzee altri dati pertinenti.

Una volta creati i profili dei clienti, i dati devono essere analizzati. Questo può essere fatto utilizzando un software di analisi, che può aiutare a identificare tendenze e modelli nel comportamento dei clienti. Questi dati possono quindi essere utilizzati per creare campagne di marketing mirate e personalizzare le esperienze dei clienti.

Infine, i dati devono essere aggiornati. Questo può essere fatto aggiornando regolarmente i profili dei clienti e monitorando le interazioni con i clienti. Ciò garantirà che i dati siano accurati e aggiornati, il che è essenziale per un marketing e un servizio clienti efficaci.

Utilizzare un sistema CRM (Customer Relationship Management):

Un sistema CRM è un ottimo modo per gestire i dati dei clienti per le piccole imprese e le start-up. Consente di archiviare informazioni sui clienti, tenere traccia delle interazioni con i clienti e analizzare i dati dei clienti per comprendere meglio il comportamento e le preferenze dei clienti.

Utilizza i media sociali:

I social media sono un ottimo modo per interagire con i clienti e costruire relazioni. Offre inoltre l'opportunità di raccogliere dati sui clienti come dati demografici, interessi e preferenze.

Raccogli il feedback dei clienti:

Il feedback dei clienti è inestimabile quandosi tratta di comprendere le esigenze e le preferenze dei clienti. La raccolta del feedback dei clienti tramite sondaggi, sondaggi e altri metodi può aiutarti a comprendere meglio i tuoi clienti e prendere decisioni informate.

Sfrutta l'automazione:

L'automazione può aiutarti a risparmiare tempo e risorse quando si tratta di gestire i dati dei clienti. Gli strumenti di automazione possono aiutarti a semplificare la raccolta dei dati dei clienti, segmentare i clienti e automatizzare le comunicazioni con i clienti.

Analizzare i dati dei clienti:

L'analisi dei dati dei clienti può aiutarti a ottenere informazioni preziose sul comportamento esulle preferenze dei clienti . Questo può aiutarti a comprendere meglio le esigenze dei clienti e sviluppare strategie per servirli meglio.

La gestione dei dati dei clienti è essenziale per le piccole imprese e le start-up. Raccogliendo, archiviando, organizzando , analizzando e aggiornando i dati dei clienti, le aziende possono massimizzare i profitti e rimanere competitive.

Ti auguro Happy Business!

Sblocca subito il tuo potenziale di business

Speriamo che questo libro sia stato una risorsa preziosa per i proprietari di piccole imprese e start-up che cercano di sviluppare le loro attività. Abbiamo fornito una panoramica completa dei diversi aspetti dello sviluppo aziendale, dalla comprensione del mercato e dall'identificazione delle opportunità allo sviluppo di un piano aziendale e alla gestione delle finanze. Abbiamo anche discusso dell'importanza di sviluppare un team forte e creare una cultura dell'innovazione.

Ti auguriamo buona fortuna nel tuo viaggio di sviluppo aziendale!

Sinceramente

Sangati Jagan Mohan Reddy

Puoi contattarmi su

Twitter : @jaganreddyms

Koo : @jmr

www.ingramcontent.com/pod-product-compliance
Lightning Source LLC
Chambersburg PA
CBHW070747220526

45467CB00018B/1008